杨班侯
大功架太极拳精要

喻承镛 著

人民体育出版社

作者简介

喻承镛，天津市人，男，汉族，1939年出生，大专学历。1953年从天津市南开区摔跤队张喜亭老师学摔跤；1957年拜著名武术印证专家吴孟侠先生和其师弟牛明侠先生为师，研习杨班侯八十一式大功架太极拳、形意拳、八卦掌和中医针灸。1964年去新疆工作后，又得师兄岳绍羲先生赵堡太极拳之真传。为八卦掌名家高义盛先生、形意拳和八卦掌名家韩慕侠先生、杨氏太极拳名家牛连元先生及赵堡太极拳名家霍秉昌先生之再传弟子，深得以上各门派之真谛，是当代集八卦掌、形意拳、杨氏太极拳和赵堡太极拳技于一身的著名拳师。

喻老师于1985年被新疆自治区体委老年体协聘为"太极拳推手训练班"教练，曾在乌鲁木齐等地区举办多期太极拳推

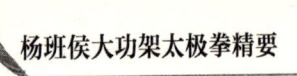

手训练班，深受当地太极拳爱好者的敬重。

2000年喻老师退休回津，在天津市"金厦杯"中老年太极拳大赛中一举夺魁，荣获杨氏太极拳男子甲组第一名。

作为太极拳名家，2005年5月，喻老师应西安永年太极拳学会之特邀，参加了"华亚杯"杨氏太极拳西安国际邀请赛暨杨氏太极拳名家座谈会，并在开幕式上为大会作名家演示。2005年10月应中国武当山武当拳法研究会之邀请参加"首届武当赵堡太极拳联谊大会"，并被授予"武当赵堡太极拳名家"称号。

2007年在武当武术发展战略研讨会上，荣获武当武术名家表演赛金奖，并被评为"武当百杰"。

喻老师一生，淡泊名利，为人忠厚，平易近人。几十年如一日钻研本门拳理、拳法，颇有造诣。现为武当山武当拳法研究会顾问、天津河东区体育局太极拳顾问、安徽蚌埠市八卦掌研究会名誉会长和顾问、河南省商丘市杨班侯大功架太极拳法研究会顾问。

前　言

杨钰，字班侯（1837—1892），为清末著名太极拳大师。班侯先生将其《拳法秘要》中的秘传九诀及八十一式大功架太极拳传授给了其结拜盟弟牛连元先生，后牛连元先生又将此技艺传给了吴孟侠先生。吴孟侠先生得到班侯先生的秘传九诀后，珍藏多年，不肯轻易示人。

1940年吴孟侠先生在昆明经金一明先生介绍与同道吴志青先生相识，一谈倾心。当时吴志青先生为西南大学的武术教授，其对太极拳的造诣甚深。经杨澄甫先生传授十余年，其对太极拳的认识、功夫与经验各方面实非泛泛之学，曾编著《太极拳正宗》一书。志青先生将其编著的《太极拳正宗》一书送与吴孟侠先生，吴孟侠先生详阅后发现书中并无杨氏门中"九诀"之刊载。既为"正宗"，当有衣钵之传注。经吴孟侠先生与吴志青先生盘恒互相研讨之下，志青先生言及当年杨澄甫先生在世时，只闻其说有九个秘诀之传而未获其授，引以为憾。经志青先生请益，吴孟侠先生将"九诀"中的三个诀法传授给了志青先生。这三个诀即是"十三字行功诀"、"八字法诀"和"虚实诀"。志青先生得此三诀后，如获至宝，他在1942年再版其所著的《太极拳正宗》一书中附有《太极拳诠真》，将此三诀刊载其中，并称这些诀"一字有一字之用，一句有一句之法，字字珠玑，句句锦绣"。班侯先生所传之太极拳"九诀"

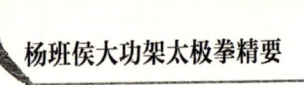

实为太极拳体用之窍要与精粹之所在也。

由于历来本门派门规甚严,其技艺从不轻易外传,故得其真传者寥寥无几。为弘扬中华武术,本人在恩师吴孟侠先生"太极拳体用论据"手稿的基础之上,加以整理,编著成《杨班侯大功架太极拳精要》一书,以使广大太极拳爱好者练习时有所参照,同时也为了使本门技艺得以广泛传播,不使失传。同样,这也是恩师吴孟侠先生之遗愿。

另外,杨班侯太极拳"九诀"中的"乱环诀"和"五字诀",原为双诀,恩师吴孟侠先生于1958年出版其所著之《太极拳九诀八十一式注解》一书时,由于当时条件所限,加之时间仓促,因而只将乱环双诀中的"乱环术法诀"和五字双诀中的"五字经诀"写入书中,而乱环双诀中的"三环九转诀"和五字双诀中的"轻重分胜负五字诀"并未写入其中。2005年5月,本人虽在西安杨氏太极拳名家座谈会上将此二诀献出,但并未作详解。今在借此拙著《杨班侯大功架太极拳精要》一书出版之际,特将此二诀一并录出,并加以粗略解释,以全其貌。

喻承镛

2017年2月24日于津门

目 录

第一章　杨班侯大功架太极拳要诀 …………………… (1)

第一节　太极拳九个要诀原文 ………………… (1)
（一）全体大用诀 ………………………… (1)
（二）十三字行功诀 ……………………… (2)
（三）十三字用功诀 ……………………… (3)
（四）八字法诀 …………………………… (3)
（五）虚实诀 ……………………………… (3)
（六）乱环双诀 …………………………… (4)
　1. 乱环术法诀 ………………………… (4)
　2. 三环九转诀 ………………………… (4)
（七）阴阳诀 ……………………………… (4)
（八）十八在诀 …………………………… (4)
（九）五字双诀 …………………………… (5)
　1. 五字经诀 …………………………… (5)
　2. 轻重分胜负五字诀 ………………… (5)

第二节　太极拳五个要领原文 ………………… (6)
（一）六合劲 ……………………………… (6)
（二）十三法 ……………………………… (6)
（三）五法 ………………………………… (6)

（四）八要 …………………………………………（6）
　　（五）全力法 ………………………………………（6）

第二章　太极拳九诀注释 ………………………………（8）

　第一节　全体大用诀 …………………………………（8）
　第二节　十三字行功诀 ………………………………（23）
　第三节　十三字用功诀 ………………………………（26）
　第四节　八字法诀 ……………………………………（29）
　第五节　虚实诀 ………………………………………（31）
　第六节　乱环双诀 ……………………………………（32）
　　（一）乱环术法诀 …………………………………（32）
　　（二）三环九转诀 …………………………………（34）
　第七节　阴阳诀 ………………………………………（35）
　第八节　十八在诀 ……………………………………（39）
　第九节　五字双诀 ……………………………………（42）
　　（一）五字经诀 ……………………………………（42）
　　（二）轻重分胜负五字诀 …………………………（46）

第三章　杨班侯八十一式大功架太极拳 ………………（51）

　第一节　杨班侯八十一式大功架太极拳名称 ………（51）
　第二节　杨班侯八十一式大功架太极拳的练法及
　　　　　技击含义 ……………………………………（52）

附录　杨班侯大功架太极拳传承表 ……………………（133）

第一章　杨班侯大功架太极拳要诀

第一节　太极拳九个要诀原文

（一）全体大用诀

太极拳法妙无穷，掤捋挤按雀尾生。
斜走单鞭胸膛占，回身提手把着封。
海底捞月亮翅变，挑打软肋不容情。
搂膝拗步斜中找，手挥琵琶穿化精。
贴身靠近横肘上，护中反打又称雄。
进步搬拦肋下使，如封似闭护正中。
十字手法变不尽，抱虎归山采挒成。
肘底看捶护中手，退行三把倒转肱。
坠身退走扳挽劲，斜飞着法用不空。
海底针要躬身就，扇通臂上托架功。
撤身捶打闪化势，横身前进着法成。
腕中反有闭拿法，云手三进臂上攻。
高探马上拦手刺，左右分脚手要封。
转身蹬脚腹上占，进步栽捶迎面冲。

反身白蛇吐信变，采住敌手取双瞳。
右蹬脚上软肋踹，左右披身伏虎精。
上打正胸肋下用，双风贯耳着法灵。
左蹬脚踢右蹬势，回身蹬脚膝骨迎。
野马分鬃攻腋下，玉女穿梭四角封。
摇化单臂托手上，左右用法一般同。
单鞭下势顺锋入，金鸡独立占上风。
提膝上打致命处，下伤二足难留情。
十字腿法软骨断，指裆捶下靠为锋。
上步七星架手势，退步跨虎闪正中。
转身摆莲护腿进，弯弓射虎挑打胸。
如封似闭顾盼定，太极合手势完成。
全体大用意为主，体松气固神要凝。

（二）十三字行功诀

十三字："掤、捋、挤、按、采、挒、肘、靠、进、退、顾、盼、定。"

掤手两臂要圆撑，动静虚实任意攻。
搭手捋开挤掌使，敌欲还着势难逞。
按手用着似倾倒，二把采住不放松。
来势凶猛挒手用，肘靠随时任意行。
进退反侧应机走，何怕敌人艺业精。
遇敌上前迫近打，顾住三前盼七星。
敌人逼近来打我，闪开正中定横中。

太极十三字中法，精意揣摩妙更生。

（三）十三字用功诀

逢手遇掤莫入盘，黏粘不离得着难。
闭掤要上采挒法，二把得实急无援。
按定四正隅方变，触手即占先上先。
捋挤二法趁机使，肘靠攻在脚跟前。
遇机得势进退走，三前七星顾盼间。
周身实力意中定，听探顺化神气关。
见实不上得攻手，何日功夫是体全。
操练不按体中用，修到终期艺难精。

（四）八字法诀

三换二捋一挤按，搭手遇掤莫让先。
柔里有刚攻不破，刚中无柔不为坚。
避人攻守要采挒，力在惊弹走螺旋。
逞势进取贴身肘，肩胯膝打靠为先。

（五）虚实诀

虚虚实实神会中，虚实实虚手行功。
练拳不谙虚实理，枉费工夫终无成。
虚守实发掌中窍，中实不发艺难精。

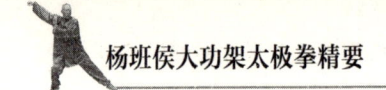

虚实自有虚实在，实实虚虚攻不空。

（六）乱环双诀

1. 乱环术法诀

乱环术法最难通，上下随合妙无穷。
陷敌深入乱环内，四两千斤着法成。
手脚齐进横竖找，掌中乱环落不空。
欲知环中法何在，发落点对即成功。

2. 三环九转诀

太极三环九转功，环环盘在手掌中。
变化转环无定势，点发点落挤虚空。
见实不在点上用，空费工夫何日成。
七星环在腰腹主，八十一转乱环宗。

（七）阴阳诀

太极阴阳少人修，吞吐开合问刚柔。
正隅收放任君走，动静变化何须愁。
生克二法随着用，闪进全在动中求。
轻重虚实怎的是，重里现轻勿稍留。

（八）十八在诀

掤在两臂，捋在掌中，挤在手背，按在腰攻。

采在十指，挒在两肱，肘在屈使，靠在肩胸。
进在云手，退在转肱，顾在三前，盼在七星。
定在有隙，中在得横，滞在双重，通在单轻。
虚在当守，实在必冲。

（九）五字双诀

1. 五字经诀

这是二十个字的冠顶之诀，每五个字一句。
"披闪担搓歉，粘随拘拿扳，软掤搂摧掩，撮坠继挤摊"。
披从侧方入，闪展无全空，担化对方力，搓磨试其功。
歉含力蓄使，粘黏不离宗，随进随退走，拘意莫放松。
拿闭敌血脉，扳挽顺势封，软非用拙力，掤臂要圆撑。
搂进圆活力，摧坚戳敌锋，掩护敌猛入，撮点致命攻。
坠走牵挽势，继续勿失空，挤他虚实现，摊开即成功。

2. 轻重分胜负五字诀

双重行不通，单轻反成功，单双发宜快，胜在掌握中。
在意不在力，走重不走空，重轻终何在，蓄意似猫行。
隅方得相见，千斤四两成，遇横单重守，斜角成方形。
踩定中诚位，前足夺后踵，后足从前卯，放手便成功。
趁势侧锋入，成功本无情，展转急要快，力定在腰中。
舍直取横进，得横变正冲，生克随机走，变化何为穷。
贪歉皆非是，丢舍难成名，武本无善作，含情谁知情。
情同形异理，方为武道宏，术中阴阳道，妙蕴五言中。
君问意何在，道成自然明。

第二节　太极拳五个要领原文

（一）六合劲

拧裹、钻翻、螺旋、崩炸、惊弹、抖搜。

（二）十三法

掤捋、挤按、采挒、肘靠、进退、顾盼、定（中）、正隅、虚实、收放、吞吐、刚柔、单双、重（轻）。

（三）五法

进法、退法、顾法、盼法、定法。

（四）八要

掤要撑，捋要轻，挤要横，按要攻，
采要实，挒要惊，肘要冲，靠要崩。

（五）全力法

前足夺后足，后足站前踪，
前后成直线，五行主力攻。

打入如亲嘴，手到身要拥，
左右一面站，单臂克双功。

第二章　太极拳九诀注释

第一节　全体大用诀

"全体大用诀"主要说明杨班侯八十一式大功架太极拳的练法，内中含有"体""用"两个方面。"体"就是拳中各式的练法，"用"就是拳中各式的运用，也就是拳中每着每式的用法，换句话说就是拳中每个动作的技击含义。我们认为"技击"是武术的灵魂，任何武术离开了"技击"，也就不成其为武术了，所以任何武术都离不开体、用两个方面。太极拳本身是武术，不是太极操、太极舞蹈，因而自然也就离不开体、用二字了。

现将全体大用诀注释如下：

1. 太极拳法妙无穷，掤捋挤按雀尾生

（1）太极拳法妙无穷

此句是说，练习太极拳可以得到的好处是无穷尽的，通过太极拳的练习，可以使全身诸如神经系统、呼吸系统、血液循环系统、消化系统、运动系统等诸系统都能得到锻炼，练习日久，除了拳术的技击运用之外，尤其对身体各个方面的强壮而

言，所起的作用都是妙不可言、无穷无尽的。所以在本诀的第一句中首先指出来："太极拳法妙无穷。"

(2) 掤捋挤按雀尾生

杨班侯八十一式大功架太极拳在套路练法当中的第一个式子叫作"揽雀尾"，揽雀尾这个式子主要由掤、捋、挤、按四个动作所组成。而且，在练掤捋挤按四个动作时，要连绵不断，像打开的雀尾一样，而整个动作又像是把打开的雀尾揽在一起一样，所以才叫作揽雀尾。

2. 斜走单鞭胸膛占，回身提手把着封

(1) 斜走单鞭胸膛占

按照练法来解释，这个单鞭走的方向是东北角，所以说是斜走单鞭。"胸膛占"，讲的是单鞭的用法。如果对方用左手向我迎面打来，我急以右手勾挂对方来手，同时以左掌击其胸部，此乃连顾带打、以守为攻的着法。在以左掌击其前胸的同时，左脚要同时向对方裆中冲进，即要左掌、左脚同时进击，也就是说要脚踏中门，俗语说"脚踏中门夺他位，就是神仙也难防"，对方自会被击跌出。所谓"手到脚不到，打上不得妙，手到脚也到，打人如薅草"。此式左右用法相同。

(2) 回身提手把着封

此式是双方互相接触时的搭手法。例如，右手做提手姿势时，就要用左手紧紧护住右肘与右臂的中部，以封闭对方的来手和进着。

3. 海底捞月亮翅变，挑打软肋不容情

(1) 海底捞月亮翅变

"海底捞月"这一动作必须以腰劲作为全身活动的枢纽和主力。当对方向我踢来且高不过膝时，我急低身捞取对方来脚，并向上撩起变成白鹤亮翅的式子，即所谓"海底捞月亮翅变"。

(2) 挑打软肋不容情

这是讲白鹤亮翅的用法。如果对方用手自上而下向我头部打来时，我用右手臂急向上方迎挑之；在挑架对方手臂的同时，进左手直向对方软肋横击之，要以毫不容情、迅雷不及掩耳之方式进击对方，使其来不及还手而被击出。

4. 搂膝拗步斜中找，手挥琵琶穿化精

(1) 搂膝拗步斜中找

如对方手脚并用，上面用拳向我面部或胸腹打来，同时下面用脚向我踢来且高不过膝时，我急以手向下、向外搂其腿，并以"大搂"的方式护住自己全身的正面及膝下，此乃上下兼顾的防御之法。运用时，如果用左手搂迎对方的来式，则同时发右掌直奔对方之左肩头击去，进击的路线是斜方向的，即所谓的"斜中找"。因为"斜中找"可使对方失掉重心，被击而跌出。

(2) 手挥琵琶穿化精

如果对方以右手向我正胸打来，我即以左手向右拨打，同时急用右手自下向上穿出，把对方的来手迎住，以静待动，并随着对方的转变再进着。

5. 贴身靠近横肘上，护中反打又称雄

(1) 贴身靠近横肘上

武术俗语说"远拳近肘靠身胯"，就是说当和对方靠近时，要用肘击之法。例如，在我用双手抓住对方的左肘和左腕使用捋法时，对方顺着我捋带的劲，顺势进步用左肩头向我胸部撞来，这时我急屈右肘向外横击其左臂，对方自可跌出。因为对方用肩来撞，他的来劲是直线的，我用屈肘来击，取他的横线，使对方的来劲向外卸出。这种着法在太极拳"掤捋挤按采挒肘靠进退顾盼定"十三字主体里，占一个"肘"字。

(2) 护中反打又称雄

当我和对方右手相接时，我以左手从右腕下拨迎对方之右手，同时进步，以右肘尖向对方胸部顶击，此为直顶肘，又称应心肘，用法与前面讲的横肘迥然不同。当我进步并以右肘尖向对方胸部顶击时，对方必然用手来防护我的肘击，此时我用左手顺右臂向前、向下接应，护住右肘，在接护的同时，以右肘尖为环心，急甩右拳做圈形由我胸前反出，向对方的面部进击，称之为"护中反打"。

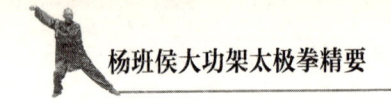

6. 进步搬拦肋下使，如封似闭护正中

(1) 进步搬拦肋下使

如对方用右手向我胸、腹正中打来，我急用左手搬拦其右肘，同时进右拳向其肋下进击。在进右拳的同时要上右步，与右拳取一致行动。如对方以左手来攻时，我即以右手搬拦，上左步、用左拳向对方肋下进击。

(2) 如封似闭护正中

"如封似闭"的用法是，如果我的肘和腕部被对方拦住时，我要急出另一手，从我的肘部直向腕部接应，取掩拨的式子，这样可以抽撤出来被拦住的肘或手腕，并寻机用着法进击。护中的意义是用如封似闭的式子来保护胸部和屈肘的部分。

7. 十字手法变不尽，抱虎归山采挒成

(1) 十字手法变不尽

太极拳的手法全可以由双手交叉中变化出来，所以说"十字手法变不尽"。十字手法不外是一开一合，开有法，合也有法，也就是一进一顾的方法，而进与顾需用在同时，不可有先后、快慢，否则就有措手不及的可能。

(2) 抱虎归山采挒成

"抱虎归山"一式在太极拳十三字主体中占"采、挒"两个字。采就是取的意思，也就是抓捋，要用十个手指的力

量。单手抓捋叫采，双手抓捋为挒。例如，我与对方互交右手时，我用右手将对方右腕采住并向下捋带，同时出左手直击对方面门。此时对方如出左手拦截，我即趁势以左手采其左腕，并出右手取其左肘，直向我左下方挒之，可使对方跌扑而出。

8. 肘底看捶护中手，退行三把倒转肱

(1) 肘底看捶护中手

在技击方面最重要的就是要护住中节。俗语称："中节不明，全身皆空。"肘底捶就是护住手臂中节的手法。例如，我左臂前伸时，右拳要放在左肘之下，倘若对方抓我左臂，我就可立即用右手抓捋摘开对方之手，来达到护住中节的目的。

(2) 退行三把倒转肱

"倒转肱"的式子，在太极拳十三字主体中占一个"退"字。

9. 坠身退走扳挽劲，斜飞着法用不空

(1) 坠身退走扳挽劲

此句讲的是"倒转肱"的用法。如果我的手腕被对方抓住，我立即含胸坠肘，同时反转手腕使手心朝上，解开对方抓我的手，并用腰力坠身向后带。当对方被我牵动，随着向我牵动的方向而进时，我即发另一手向对方迎面截击。这是诱敌深入而进击的手法。坠身向后退时要用直步。

(2) 斜飞着法用不空

此句讲的是斜飞势的用法。如与对方接搭左手时，要把对方的左腕捋住，同时向对方的身后进右脚，右手连臂则顺着对方被我捋带之左臂下向上斜穿，用我右肩臂的斜撑之力向对方肩腋下冲击，使对方因我右臂之斜撑冲击之力而身体横跌出去。

10. 海底针要躬身就，扇通臂上托架功

(1) 海底针要躬身就

"躬身就"说明了海底针的锻炼要领及其技击含义。当对方用脚向我腿部踢来且高不过膝时，我即用腰力躬身向下，并用手截取对方之来脚，一方面防护我的下盘，另一方面亦在蓄势进招。

(2) 扇通臂上托架功

当我用"海底针"截取对方来脚时，顺势用右手反撩其脚或小腿，同时上左脚、出左手托其大胯，将其摔出。亦可在与对方互搭右手时，迅速出左手，顺对方右臂下向上穿出，并且要用左肘发出托架的力量，把对方的右臂托架起来而使其亮出右肋时，我急用右掌和左掌，以虎口相对的方式猛击其胸肋。当我处于被动局面时，亦可用"扇通臂"进行反击。例如，当我的头部被对方按住时，我急向左转身，并用右手臂向上、向前穿至对方臂下，再急向右转身，用右臂将其臂托架起，并上左步、用左掌向对方肋下猛击，使其跌出。

11. 撇身捶打闪化势，横身前进着法成

（1）撇身捶打闪化势

我和对方正面交手时，如果对方用极快的转动，也就是闪化的方式向我的侧身来进攻时，我就要用撇身捶来对付，以防止对方得机进手。

（2）横身前进着法成

这是讲撇身捶的具体用法。就是说，如果对方将我的手闪化开并向我侧面进攻时，我就横身进步，用撇身捶向对方胸部或背部进击。

12. 腕中反有闭拿法，云手三进臂上攻

（1）腕中反有闭拿法

如对方用左手抓住我的右手腕时，我可急用左手将其左手用力按住，并坠身下拉，使其身向前俯，此时将我被抓的右手腕由下向上翻出，并立刻向对方的下腭、颈部或面部戳击。在翻右腕时，要用左手紧紧按住对方的左手。

（2）云手三进臂上攻

当我和对方互搭右手时，我进左脚，用左手从对方的右臂下上穿，并用左肩直扛对方的右腋下，当把对方的右臂微微扛起时，急用力反抖我左手向外横拨，使之跌出。此手法力点在反抖上，云手在太极拳的十三字里占一个"进"字。

15

13. 高探马上拦手刺，左右分脚手要封

(1) 高探马上拦手刺

此句讲的是"高探马"的用法。如果对方用手向我中路打来，我可急用右前臂由上向下横栏下压敌手，同时吸身并出左手，掌心向上，掌指朝前，由下向前上方直刺对方面门。此即所谓的"拦手刺"。

(2) 左右分脚手要封

杨班侯大功架太极拳用脚的原则是先要封住对方的手，然后才能用脚。因为只有把对方的手封住，才能防止我的腿脚被对方搂住的危险。所以说"左右分脚手要封"。

14. 转身蹬脚腹上占，进步栽捶迎面冲

(1) 转身蹬脚腹上占

这句话的意思是在和对方交手，若无机会使用手法时，可急转身出腿，直奔对方的腹部蹬踹之。这也是诱敌深入、转败为胜的着法。

(2) 进步栽捶迎面冲

"进步栽捶"的用法是，若对方向我中路攻来时，我用左手向中下路拦截横搂对方之来手，同时右手从下向后抡起变拳，自脑后直奔对方面门出击。用时要对准对方头部，不可偏左或偏右。

15. 反身白蛇吐信变，采住敌手取双瞳

在练习的套路中有一个"反身白蛇吐信"，就是反身以后和对方搭上右手时，我把对方右手采住并往下捋带，同时急出左手，掌心向下，掌指朝前，直刺对方的双眼。这一手法就叫"白蛇吐信"，用法就是"采住敌手取双瞳"。

16. 右蹬脚上软肋踹，左右披身伏虎精

（1）右蹬脚上软肋踹

"右蹬脚上软肋踹"是我把对方的手封住后，急出右腿，用脚直向对方的软肋蹬踹之。

（2）左右披身伏虎精

此句是对"披身伏虎"技法的赞誉。"披身伏虎"的具体用法是，如我与对方互搭右手时，先用右手采捋对方之手腕后急撤手变拳，同时向对方右侧进步，用右拳向对方乳部进击；在向对方右侧进步的同时，还要圈起左臂，用左拳击其后背右下方，左右两拳相错对击，即为"披身伏虎"。此式左右用法相同。

17. 上打正胸肋下用，双风贯耳着法灵

（1）上打正胸肋下用

此句是说"披身伏虎"技法中双拳所打的位置是上打对方的正胸，下打对方的软肋。

(2) 双风贯耳着法灵

所谓"双风贯耳",就是用双拳从左右两面向对方的双耳对击。例如,当我用双手取按式向对方中路进击,对方用双手插入我双手之间并向外分拨时,我即可顺对方分拨之力,两手由左右向外、向上、再向内圈打其双耳。

18. 左蹬脚踢右蹬势,回身蹬脚膝骨迎

(1) 左蹬脚踢右蹬势

此句是说左脚的蹬踢和右蹬脚相同。

(2) 回身蹬脚膝骨迎

和对方交手,如果对方攻势迫近而使我来不及还着时,我即可回身避其锋芒,且急用扁踹的方式,向对方的膝下软骨蹬踹。

19. 野马分鬃攻腋下,玉女穿梭四角封

(1) 野马分鬃攻腋下

和对方交手,如果对方用右手将我右手抓住,或我用右手将其右手捋住时,我右手急向后带,并向其右侧进步,左手手心向上顺其右臂下向其腋下扛击,使其向后跌出。

(2) 玉女穿梭四角封

"玉女穿梭"一式在套路的练习中走四个斜角,所以叫"玉女穿梭四角封"。

20. 摇化单臂托手上，左右用法一般同

此句是说明玉女穿梭的用法，重点是前手要用摇化的方法把对方的单臂托起来，再向其肋间进击，同时要手脚齐进。左右用法一样。

21. 单鞭下势顺锋入，金鸡独立占上风

（1）单鞭下势顺锋入

"单鞭下势"的运用，要以腰、胯、膝三个部位的关节为发劲的主力。例如，对方用由上向下的着法向我击来时，我急顺其来势向下粘随，待对方下击落空后，我即用粘随之手或器械，同时用腰、胯、膝三个关节之力向前冲进，撩击对方阴部或腹部。

（2）金鸡独立占上风

"金鸡独立"的手法，是在和对方搏斗中已扭结在一起时用的，用此着法，可以说是每发必中。当和对方纠结在一起时，我手在上挑对方的手和臂，或是横搂对方的腰部时，再或是我用一手上托其下颌，使其头向后仰时，均可提膝猛撞其裆部。此着轻者必伤，重者必亡，所以用时须审慎。另一方面就是用一脚之脚跟猛力下踏其脚面。用时，一脚向下踩踏之同时，另一脚迅速跳起使身体腾空，将全身之重量放在下踏的脚上，又名为"千斤坠"。

22. 提膝上打致命处，下伤二足难留情

此句是说"金鸡独立"一法使用起来是很厉害的，如用提

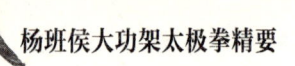

膝向对方的裆部撞去，对方就有性命的危险，如用一脚跟下踏的着法，对方就有损伤两足的危险，使用起来是很难留情的。

23. 十字腿法软骨断，指裆捶下靠为锋

（1）十字腿法软骨断

"十字腿"的用法是，用我的脚掌由下而上直截对方的膝下软骨，可将其软骨截断。用此腿法时，高度不可超过对方的膝盖。

（2）指裆捶下靠为锋

和对方交手时，如果我用指裆捶的手法向对方攻击而被对方将我的手臂抓住并向下捋带时，我就顺着对方的捋势急进步踏向对方之中门，同时用肩头直奔对方的胸部用力靠击，使其跌出。此着法在太极拳十三字主体中占一个"靠"字。

24. 上步七星架手势，退步跨虎闪正中

（1）上步七星架手势

"架手势"和"十字手"的用法基本相同，是防御之法，而进攻的手法亦暗藏其中。因为所有用手的方法都可以从双手的十字交叉中变化出来。七星是指手、肘、肩、脚、膝、胯和头七个主要出击点。在使用上，手可以打，肘可以顶，脚可以踢踏，头、膝可以撞，肩、胯可以靠。所以与对方交手时，对此七个出击点必须加以谨防，以免被对方乘隙进攻。"架手势"是说与对方接手交架的时候，必须要用以上的"七星"作

为进击和防御的要点。

(2) 退步跨虎闪正中

与对方交手时，如果对方的攻势过猛而来不及还手时，我急将正中点退步闪开，再寻对方来势中之可乘之处进击之。

25. 转身摆莲护腿进，弯弓射虎挑打胸

(1) 转身摆莲护腿进

"转身摆莲腿"的用法是：我必须先用手封住对方的手臂之后，再以横腿摆踢对方之软肋，这就叫作"护腿进"。例如，我先将对方的左臂向我的左面捋开，再急起右腿踢其左肋，这样就可以防止我的腿被对方捞住的危险。

(2) 弯弓射虎挑打胸

"弯弓射虎"是连顾带打的着法。例如，对方用左手由上而下向我头部打来，我可立即用右臂挑架对方之左手臂，同时用左拳向对方胸部直击。这就是所谓的"连顾带打"之法。

26. 如封似闭顾盼定，太极合手势完成

(1) 如封似闭顾盼定

在运用"如封似闭"的手法时，要做到"顾盼定"。"顾"就是要顾住自己的三前：手前、脚前、眼前；"盼七星"，就是要注意对方的肩、肘、手、胯、膝、足和头七个出击点；"定"是中定，就是要稳住心神，沉着镇定。

(2) 太极合手势完成

太极拳到太极合手势已经完成了。练拳时，不仅要知道正确的练法，还必须要明白每着每式的用法，把体用结合起来锻炼，才能得到太极拳的真髓。

27. 全体大用意为主，体松气固神要凝

(1) 全体大用意为主

此句说明了打太极拳时用意的重要性，在整个套路的演练中，都要以"意"为主。就是以意识来支配动作，达到神形合一。

(2) 体松气固神要凝

体松、气固、神凝是练太极拳的三大要领。体松就是练太极拳时，全身上下不准用拙力。所谓"拙力"也就是僵硬之力，也叫"僵劲"。练时必须要松开全身各个关节，以使全身气血畅通，姿势舒展。所谓"气固"，就是要求气不外散，动作要与呼吸自然配合，不能憋气，意守丹田，这样才可以做到气固。

神要凝，就是意要专注，神有所视，每一式、每一动都要有凝视的所在，只有这样才能做到神凝。当然这是与"全体大用"的手法运用分不开的。如果不知道每着每式的用法和动作的寓意，那么就不易做到意气相合，出入有法，自然也就无法做到"神凝"了。学练太极拳如果能得到体松、气固、神凝这三大要诀的传授，并能持之以恒地坚持锻炼，是一定能收到应有的效果的。

第二节 十三字行功诀

十三字指的是太极拳中的"掤、捋、挤、按、采、挒、肘、靠、进、退、顾、盼、定"。在太极拳的锻炼方面,它的主体以这十三字为根本。这十三个字在太极拳的十三法中,占六法半。其余六法半,在阴阳诀里说明。

1. 掤手两臂要圆撑,动静虚实任意攻

掤的姿势,要两臂抬起撑圆,高与肩平。分单掤和双掤。单掤是单臂抬起撑圆,手指高与肩平,作半圆形,分左掤和右掤。双掤是左右两臂同时动作如上述。撑的主要意义是在两肩的腋下,好像放有两个弹簧,两臂如在弹簧之上,被弹簧支撑着一样,按之则落,抬之则起,可随高就低。攻时能发出像弹簧一样的弹力,即是以机警的动力向外抖发出去,这叫作惊弹劲。这种惊弹劲在静的时候要含而不露,动的时候就要发出去。与人交手时,要做到得机即发,不得机则守。这种劲路运用演变得手后,与敌角斗,随时都有这种力的反射作用。劲在不发动时,似棉里裹铁,软中有硬,做到软而能刚,刚柔相济。这种像弹簧一样支撑的活力,能在动静虚实里应用出来。有了这样的劲,在与对方交手的动静虚实当中,就不怕对方用各种方法和手段来进攻。

2. 搭手捋开挤掌使,敌欲还着势难逞

如我与对方互搭左手时,我即用左手采住对方之左腕,同

23

时出右手采住对方之左肘,并顺势向左侧横捋,使对方的掤式失去作用。到此时我急反出右手,用右手背向对方的左肩下挤出,并以左手附于右手上合力击出,使对方难以还手。

3. 按手用着似倾倒,二把采住不放松

(1) 按手用着似倾倒

在太极拳中,双手向外齐推叫"按"。用法是:当我已把对方掤式封住后,双手向对方的正胸按去,同时还要急进步向对方的裆中冲进,身子也要用倾扑的式子来加强推力,就是要用全身的力量加到对方的身上,使其向后跌出。

(2) 二把采住不放松

在与对方交手时,如果两手把对方的手臂抓住,就要抓紧抓牢不能松,不能叫对方的手臂脱开,以便于自己进手用着。

4. 来势凶猛挒手用,肘靠随时任意行

(1) 来势凶猛挒手用

与对方交手时,如对方向我进击之势过猛,我就急用一手找对方的手腕,一手找对方的肘,要是得手,就用挒手向侧后猛带之。

(2) 肘靠随时任意行

如对方对我使用挒法,把我向其侧后捋带时,我可顺势急向其裆中冲进,并用肘顶、肩靠之法进击之。若我用挒法,

对方向我使用肘顶、肩靠之法时，我可急侧转身，使用屈肘的着法向外横击，使其向外跌出。总之，肘、靠要做到随时任意行。

5. 进退反侧应机走，何怕敌人艺业精

此句是说，采、挒、肘、靠这些手法都能运用纯熟了，在与对方交手时，就可以在进退反侧中得心应手、随机而用了，就是对方技艺再高，我也无所畏惧了。

6. 遇敌上前迫近打，顾住三前盼七星

畏惧迟疑是技击上最大的缺点，所以在与对方交手时既不能怕敌，也不能避敌，必须要迫近对方才能发着进手。拳诀说："近人先进身，身手齐到才为真。"不过，在遇敌上前迫近打的同时，必须要顾住自己的"三前"，并且要注意对方的七个出击点。

7. 敌人逼近来打我，闪开正中定横中

如果对方先发制人，向我逼近打来，我急转身，闪开我的正中部分，使对方着法落空；同时我急向对方的侧面进击，也就是取对方的横线。我要拿对方的横线作为我的正中线进攻。这就叫作"闪开正中定横中"。

8. 太极十三字中法，精意揣摩妙更生

这句话是说，作为太极拳主体的十三个字，字字有法，法法有用。必须要仔细下功夫去钻研、琢磨，才能得到它的妙用。

第三节　十三字用功诀

1. 逢手遇掤莫入盘，粘黏不离得着难

推手时，在对方掤式严密、感觉灵敏、随动功夫也很好的情况下，就不能与对方继续盘手平推，因为再推也不容易得势进着。此时就只有采用入手的方法，叫对方不得还手为是。如果还只是粘黏不离（听劲），则不易得势。

2. 闭掤要上采挒法，二把得实急无援

与对方相接，如遇对方掤式很严而不易攻入时，就要用采挒的方法入手。若对方已经被我抓挒住，就急向后挒带，或趁机用其他手法进击。千万不可犹豫迟疑，因为疑则慢，迟则变，一旦你犹豫、迟疑，就极易被对方乘机攻入。只要我已得实，就要立即发着，将其打倒，让对方在此紧急情况下，想找援助也来不及了。

3. 按定四正隅方变，触手即占先上先

"四正"就是四个正方，即前后左右；"四隅"就是四个斜角，即左前、左后、右前、右后。在与对方交手当中，我一方面要把持住四个正方，另一方面要寻找对方的四个斜角，为的是转移对方的正方，先破他的中心之力。假如对方守住了他的四正，我就要设法变动自己的正方，来找对方的四隅进击。总而言之，就是要用我的正面来袭取对方的侧面，所以叫作"按定四正隅方变"。

"触手即占先上先"，是说和对方搭上手后，要先发制人，先下手为强。如果对方离我太远，当然要以静待动，倘若已经临近，或是偶然接上手的时候，即应先发制人。

4. 捋挤二法趁机使，肘靠攻在脚跟前

在太极拳中，捋和挤归为一法，因为有捋必有挤。例如，当我把对方的掤手捋开后，即可趁势使用挤法向对方进击。

"肘靠攻在脚跟前"，是说在使用肘、肩、胯靠撞对方时，必须攻在对方脚的跟前，如果离远了，肘靠就用不上了。俗语说"远捶近肘贴身胯"，说的也是在用肘和靠的时候，必须逼近对方，攻在对方脚的跟前才行。

5. 遇机得势进退走，三前七星顾盼间

进是进身、进步、进手，是进攻；退是通过闪、展、腾、挪来防守。无论进退，都要看对方的来式灵活转变，当进则进，当退则退，做到进退有法。走，要做到辗转变化通行无阻。"三前七星顾盼间"前面已做过解释。

6. 周身实力意中定，听探顺化神气关

"周身实力意中定"是说明如何把全身的整力发出去的方法。人体可分为三节，腿脚为根节，腰胯为中节，手头为梢节。此三节是发出周身实力的重点。俗话说："根节动，梢节发，三节齐到力增加。"所谓三节齐到必定要意注于腰，因为三节力量的主宰在腰上；如果腰不动，根、梢二节虽动也不能发出整力，只能是局部之力。因此在技击中必须以腰为主力，才能发出周身的实力。

"听探顺化神气关"。太极拳中的听劲是用手臂和对方接触、搓磨的过程中而生出来的知觉。如果听劲功夫好，手臂的感觉就十分灵敏，在与对方接手时，就可以感觉出对方劲的大小、刚柔，以及劲的出处和运动的方向等，这样就可以化解对方的来势，并可乘机顺势向对方发着进击，做到粘连黏随，既便于进攻亦便于防守。听者，不完全是以静待动，而是在动的过程中沉着应对、随机进取之意。

探，是在沉着的应对中审知对方的虚实，如可攻，就要以迅雷不及掩耳之势进击之。宜守时，就要蓄意待机。总之，只有探得对方的虚实后，才能伺机而动。

顺，是不与对方顶抗，要随着对方来势的高低、进退、快慢而顺势变化，做到不扁不抗、不丢不顶、粘连黏随，令对方不能为所欲为。在顺随之中存暗中袭取之意，也可以说是顺其势而取其法，以达到我欲所取而无阻之目的。

化，是分化、转化对方的来势而取主动的方式。在化去对方来势而进我的着手时，要遇虚变实，遇实变虚，以柔化刚，而刚要紧随其后；以刚运柔，而柔不失其坚。要做到虚实并用，刚柔相济。

神气关的意思，是在运用听、探、顺、化的过程当中，要全神贯注，气沉丹田，这是至关重要的两个方面。与敌交手若要应付裕如，不但要精神集中，而且非将气沉着不可，做到气不外散，就是说要做到气固、神凝，只有这样，才不至于失机和错乱。如果紧张恐慌，气必上浮，气一上浮，则上重下轻，脚底发飘，根基不稳，动作失措，易被敌乘。太极拳论中所谓的"意气君来骨肉臣""以意行气，以气贯神"以及"神贯顶"等，都是讲的这个道理。

7. 见实不上得攻手，何日功夫是体全

这句是说在与敌人交手时，如果已经得到对方的实处，就必须立即放手发着，不可错过机会，这就是"遇实则发"。如果见实没有立即发着而落了空，就成了有体无用了，那么你什么时候才能练到体用兼备呢？

8. 操练不按体中用，修到终期艺难精

练太极拳的人要明白"体""用"二字，"体"就是要通过正确的练法来强身健体；"用"就是拳中的每着每式的运用。练拳得到了身体健康的效果，就算是得到了"体"，如果再在技击方面能够运用，才算是体用兼备。倘若只知道练法而不了解其中每着每式的用法，也就是并不了解其中每着每式的技击含义，不能在技击方面加以运用，那么你就是练到最后也很难把武艺练精，无非也就是会练一套好看而不中用的"太极操""太极舞蹈"而已。

第四节　八字法诀

1. 三换二捋一挤按，搭手遇掤莫让先

"三换二捋一挤按"，是说在推手时，通过三次换手，必须要能有二把捋、一把挤和一把按的手法来破坏对方掤的守式，以便我进手发着，如果通过三次换手还得不到二把捋、一把挤和一把按时，就说明对方是难以取胜的对手。

"搭手遇掤莫让先"一句是说，在与对方推手时，如遇对

29

方掤式很严，使我难以制胜时，我即要采取另外的手法攻击之，此时要以先发制人的方式进手，不能让对方占先机来制我。

2. 柔里有刚攻不破，刚中无柔不为坚

"柔里有刚攻不破"一句：太极拳的柔如绵里藏针，软中有硬，外柔而内刚，而并非是软弱无力，只有柔里有刚才不易被别人攻破。

"刚中无柔不为坚"是说，太极拳在运用时，在刚劲中必须含有柔劲，如果刚劲之中无有柔劲，就容易折断，所以说"刚中无柔不为坚"。也只有柔里有刚，刚中有柔，才能做到刚柔相济。

3. 避人攻守要采挒，力在惊弹走螺旋

"避人攻守要采挒"一句：在与敌人交手时，如果对方向我逼近攻来，我就要用采挒的手法来防守，先卸掉对方的攻势，再乘机攻击之。

"力在惊弹走螺旋"一句：如果与对方搏斗到难分难解，或是劲路纠缠不清时，就要用惊弹力向外发放对方，或是用螺旋劲来化除对方的来式，并顺势进手发着击敌。

4. 逞势进取贴身肘，肩胯膝打靠为先

在与对方交手过程中，如能进身而不便于使用拳手时，即可屈臂用肘来顶击对方。若对方来势凶猛，我来不及还手闪避时，也可顺其来势用肘击之。若与对方贴身而不得用肘时，就要用肩靠胯打膝撞的方法来击打对方。这些都是来不及还手时的着法，必须在贴身靠近时才能使用。若相距较远，则不可贸

然使用，以防为对方所乘。

第五节 虚实诀

1. 虚虚实实神会中，虚实实虚手行功

在与人交手或是推手时，一定要懂得虚实变化，不仅自己要有虚实变化，而且还要通过手臂的感觉来探得对方的虚实，以便随机应变，发手进着。

2. 练拳不谙虚实理，枉费工夫终无成

练太极拳的人，如果不明白虚实的道理和作用，就会脱离太极拳的体用原则。虚实之理不明，再怎么练，也是白费工夫，最终也达不到体用合一的地步。

3. 虚守实发掌中窍，中实不发艺难精

与人交手时，虚守实发乃是掌中的窍要。逢虚则守，遇实则发；如果中实得手而不知发放，那么，就不仅仅是坐失良机，而且你也很难练出精湛的武艺。

4. 虚实自有虚实在，实实虚虚攻不空

与人交手，不但自己要虚中有实，实中有虚，而且还要掌握对方的虚实情况。我虽应本着"逢虚则守，遇实则发"的原则，但当得到对方的实时，更不能忽略对方尚有虚的存在，以免被对方引进落空。而我若以虚迎对方之实时，要实紧随其后。若以实破对方的虚，虽是以实当先，但虚守仍不离我身，

这同样是为了防止被对方引进落空。只要能掌握虚实变化的原则，就不致有落空和被对方所制的危险。

第六节 乱环双诀

（一）乱环术法诀

1. 乱环术法最难通，上下随合妙无穷

太极拳的动作和用手无不以圆圈和转环的方式为变化的基础，所以有人说太极拳的运动就是圆的运动。

乱环是表示太极拳没有固定的圈环方式，例如在用手上有高低、进退、出入、攻守，都走圈形。而圈又是变化的，圈有大圈、小圈、平圈、立圈、正圈、斜圈、有形圈与无形圈等各种形式，所以才将其称之为乱环，太极拳术就是"乱环术"，而且这种"乱环术法"是最难通的。

太极拳术的运用，要上下随合，要随着对方的来手上下进退，并且能在顺随之中相机入手克敌，所以说其"妙无穷"。

2. 陷敌深入乱环内，四两千斤着法成

这句话是说，将对方引诱到我的乱环圈内，使其失去了主动，并受到我乱环螺旋力量的牵制之后，我即可随时将对方发放出去。而且，此时只需以"四两"的劲，即可拨动对方的"千斤"之力。俗语所谓的"四两拨千斤"，是以小力胜大力之意，并非是以纯四两来拨真的千斤。例如，对方以全身的整力

如同千斤之势来击我时，因我用圈环法滑走来力，使其失去重心，这时就可用四两之力拨动其千斤之势，达到制敌的目的。拳诀说："练就千斤力，再用四两功。"意思是说在与敌人交手时，倘若使用四两的力量不能成功时，还有似千斤的力量在后面做接应，也并非是以纯四两来敌真千斤。

3. 手脚齐进横竖找，掌中乱环落不空

此句是说在用乱环时发出整力的方法。向外发力，可分为全部力和局部力。全部力是全身的整力，局部力是四肢单独发的力。要想把全身的整力发出去，必须要手脚齐进才行。拳诀上说："手到脚也到，打人如薅草，手到脚不到，打上不得妙。"就是说要发全力击打对方，需手脚齐到，才可收到最大的效果。

"横竖找"，是找对方的横侧方，来进我的竖正方，就是向对方的横侧进击，可以使对方失去重心而不能守其中心。在我用乱环时，虽然对方陷入我的圈环内，但必须向对方的横线处发击，用我正直线的力量，再加上手脚齐进的方法，才可以用小力胜大力，乱环的着法才不至于落空。

4. 欲知环中法何在，发落点对即成功

究竟怎样运用乱环的方法，才可以达到心手相应的目的呢？例如，当我向对方的横侧方进击时，我的进击之点为发点，对方被我打击后的跌落之点为落点。从我的发点到对方的落点，必须与我要达到的目的相一致才算成功。譬如我的发点为甲处，在我的意念之中，是要把对方打跌到乙处，那么他必须要跌到乙处，此时我才算达到了心手相应的目的，

这才算成功，这才叫作"发落点对"。否则，如果在我的意念中是想把对方打跌到乙处，而对方被我打倒之后却跌落到了丙处，也就是说从我的发点到他的落点，没有像我想象的那样落到了乙处，这样，即便是我把他打倒了，对于我来说也没有成功。

（二）三环九转诀

1. 太极三环九转功，环环盘在手掌中

（1）太极三环九转功

太极拳中的三环即上、中、下三环，其中又分大、中、小三环，还有平、竖、斜三环。九是数之极，三环九转共为八十一环。所以班侯先生所传之九诀八十一式大功架太极拳亦称为太极三环九转功。

（2）环环盘在手掌中

这句是说，在太极拳的八十一环当中的每一环，都体现在太极拳手法的运用当中。

2. 变化转环无定势，点发点落挤虚空

（1）变化转环无定势

"变化转环无定势"是说，掌中的转环是千变万化的，并且无定势可言。

(2) 点发点落挤虚空

手法的运用，发点也好，落点也好，都要随机应变，而且要在运用挤手来发现对方的虚实之后，当发则发，当守则守；遇实则发，逢虚则守，以免使自己的手法落空。

3. 见实不在点上用，空费工夫何日成

与敌交手，只要是得到对方的实处，就要立即发手，万万不可犹豫不决，以免贻误战机。如果不是这样，那就是空费工夫，什么时候才能练成呢？

4. 七星环在腰腹主，八十一转乱环宗

(1) 七星环在腰腹主

七星指的是人体的七个出击点，前面已作过解释。七星转环的运用主宰在腰腹，即所谓的"腰为主宰"。

(2) 八十一转乱环宗

"八十一转乱环宗"是说，九诀八十一式大功架太极拳的练法和运用均以乱环术法为其所宗。

第七节　阴阳诀

太极拳十三法中的前六法半即掤捋、挤按、采挒、肘靠、进退、顾盼、定，已在十三字行功诀中说明了。其后六法半，

即正隅、收放、吞吐、刚柔、虚实、单双、重（定、重合为一法），将在本诀中说明。

1. 太极阴阳少人修，吞吐开合问刚柔

（1）太极阴阳少人修

阴阳包含着两个对立的性质和现象，例如反正、软硬、刚柔、伸屈、上下、左右和前后等等。"太极阴阳少人修"是说真正从理论和实践两个方面钻研太极拳的人并不多。

（2）吞吐开合问刚柔

吞吐和刚柔在太极拳十三法中占两法。这句话的意思是，这两个法都要在太极拳的开合动作之中来加以运用。吞有吞法，吐有吐法，吞吐之法在运用当中，均须冷、急、快、脆，不可拖泥带水。在与敌人交手中，由开合之分，运用吞吐之法，发挥刚柔的劲，刚属阳，柔属阴，刚柔就是阴阳，也就是说开合吞吐之分，合乎阴阳虚实之理。

2. 正隅收放任君走，动静变化何须愁

正隅和收放亦在太极拳的十三法中占两个法。"正"是四个正方，"隅"是四个斜角。在搏斗中，用我的正方向对方的隅方进攻是手法上的必要路径，也是用手的原则之一。因为如果以正对正，双方就会发生冲撞，形成互相顶劲（也叫犯双重）。如果以角对角，又会犯"轻对轻全落空"的毛病。所以在技击当中，必须要以重击轻，以轻避重，只有这样，才不失制胜之路。

收放，收是向里带进，放是向外击出。收有法，放亦有法。此句是说，在与对方交手时，我利用正和隅两方的机会进退，再按收放的方法进击，任你怎么样，我在动静虚实的变化当中都能够从容地对待和随机应变，那我还有什么可愁的呢？

3. 生克二法随着用，闪进全在动中求

太极拳的手法，有生的手法，也有克的手法。生的手法就是先发制人的手法；克的手法就是防备对方进击的手法。生法和克法要随机紧密配合着应用。

闪是闪开，进是进攻。与对方交手时，如果对方来势凶猛不及还着时，必须先闪开他的锋芒，使其来着落空，并乘势反击。也就是说，虽然是闪，但不可失去还手的余地，要做到"逢闪必进，逢进必闪"。拳诀说："何谓打，何谓顾，打即顾，顾即打，发手便是；何谓闪，何谓进，闪即进，进即闪，不必远求。"这就是说闪进和顾打是一致的行动，用时不可截然分开，而且这些都要在交手中（动中）来求得应用。

4. 轻重虚实怎的是，重里现轻勿稍留

太极拳的用劲不出三种，即轻、重、空三种劲，也就是小力、大力和空力。所谓有力打无力，大力胜小力，乃先天自然之能，而太极拳则是讲求以小力胜大力的一门技艺，也就是以小力巧制拙力的一门技艺。这里的关键问题在于轻重虚实的变化。

武术中的轻重变化是和虚实分不开的。所谓"重里现轻勿稍留"是说，在和对方交手时，只要发现对方重里现轻的时

37

候，就要立即发手，顺着力的趋向将其打倒。要达到此地步，必须在轻重虚实上运用纯熟才行。

关于轻重，有单重（单轻）和双重的区别。从练拳上来讲，身体重心平均放在两腿上即为双重，如身体重心只放在一条腿上，则为单重（单轻）。但在与人交手时，单重（单轻）和双重的概念却完全是另一码事了。与人交手时，所谓的双重是指你欲来，我欲去，你用力，我也用力，形成了力与力争，结果是力大胜力小，大力胜小力。而所谓的单重（单轻）却不是力与力争，而是你欲来我即叫你来，你欲去我即叫你去，顺着对方的力用力，所以叫作单重（单轻）。例如，对方用力向我打来时，我可采其肘腕，顺势向身后捋带，使其向我身后跌出，即所谓的"顺手牵羊"。这也就是所谓的随重就轻。当然也可随轻使重。只有这样才能发挥轻重的效能，拳诀说"双重行不通，单重（单轻）反成功"，正是这个道理。

这里所说的轻重，就是分清单和双。单双和虚实在太极拳十三法中占两法，另外半法是重（中）字，按重和定合为一法，是因为定和重有紧切的关联，定是稳定，重和中不能离开定，故常说"逢中必定"。太极拳中所讲的力是中心力和重心力，在技击上，就是要用我的重心力向对方的中心进击。重心是在我对准对方可击之点（定）后，即将我的全身之力集中于手掌上或拳上，这掌或拳就是我发力的重心，我的手要找到对方的中心作为我手的着落点。简单地说，就是要以重击中，以定用手。

太极拳的十三法，全是两个不同的、相互对立的矛盾统一体，合乎太极阴阳之理。这是太极拳术在运用方面所具有的变化规律。

第八节 十八在诀

1. 掤在两臂

掤劲表现在两臂的圆撑力量上。这种支撑力在任何动作中，都要主动地使用。

2. 捋在掌中

"捋"是破掤的手法，左右两把捋的知觉力全在两掌，由掌的知觉力来采听对方之轻重虚实，然后可以随着捋式进着。

3. 挤在手背

"挤"是击出的手法，交手时，在捋开对方防御的掤式以后，可随以挤手攻之，搭手时亦要用手和臂加在对方的空隙点上挤按之。如两手合用，则可增加击打的力量。

4. 按在腰攻

"按"是两手向外推而发出进击的力量，全以腰部为主力。

5. 采在十指

"采"是用手抓实，以十指之力，用力箍牢。

6. 挒在两肱

"挒"是我用一手抓住对方之肘，另一手抓住其腕，用力向下捋带之手法。捋带要用手掌与肘之间的前臂，也就是两肱之力搌带，所以称捋在两肱。

7. 肘在屈使

运用肘的力量击打对方，不论进攻与反击，在用时都要屈回前臂，以肘尖顶撞或横击。

8. 靠在肩胸

靠法当中肩靠的用法之一，是用我的肩靠击对方的胸，所以说靠在肩胸。

9. 进在云手

"云手"是太极拳向对方进手的方法之一。云手这一手法在太极拳法当中占一个"进"字。

10. 退在转肱

"倒转肱"是太极拳当中的退法之一，在太极拳中占一个"退"字。

11. 顾在三前

"顾"是照顾防护的意思，就是在与敌人交手时，首先要照顾好自己的眼前、手前和脚前，要灵活机动，随机应变，以免被对方击中。

12. 盼在七星

"盼"是注意看望，含有警惕的意思。七星即指技击时的七个出击点：手、肘、肩、脚、膝、胯和头。在与对方交手时，

时刻都要注意对方这七个出击点,也是为了防止被对方击中。

13. 定在有隙

"定"是对方的可击之点,也就是在与对方交手时对方出现的空隙。在与对方交手时不可冒进,而一旦有机会进手时,也就是一旦对方出现了空隙(对方的可击之点),就要立即发手将其打倒,这就叫定在有隙,以定用手。

14. 中在得横

"中"在这里是把对方击中的意思。要想把对方击中,就必须要得到对方的横。横就是我与对方交手时,对方的侧面在我面前叫作"横"。例如,我与对方正面相交时,我转身走外门找对方的侧面,如能得到对方的横,就可立刻发着进击,将对方击中。所以说中在得横。

15. 滞在双重

在与对方交手时,如果双方的重心相遇,从而形成力与力争,就是犯了双重,这样就不能闪展腾挪和灵活地变化,所以在技击上要避免犯双重的错误。

16. 通在单轻

双重则滞,轻灵则善变,意劲动作自然通达,故而说通在单轻。

17. 虚在当守

当与对方交手时,如遇对方虚引,则不可冒进,当着意防守，以防被对方引进而落空。所以说虚在当守。

18. 实在必冲

在与对方交手时，如果能够得到对方的实处，就必须立即进手向对方冲击。

第九节　五字双诀

（一）五字经诀

这是 20 个字的冠顶之诀：披闪担搓歉，粘随拘拿扳，软掤搂摧掩，撮坠继挤摊。

1. 披从侧方入

这句话的意思是说，与对方交手时，要从对方的侧面进身进着，也就是要找对方的横线，从我的竖线（正面）向他的横线（侧面）进着攻击。

2. 闪展无全空

"闪"是闪开的意思，"展"是转变我的身法手法。闪和展都是在与对方交手，来不及还手抵御时而转移的办法。可是在闪展解手的时候，必须要有后式接应，或是在闪展里暗藏其他手法，这样的闪展应付，才不至于落个"全空"。在技击过程中是不能有全空的现象出现的，不然，极易为人所乘而导致失败。

3. 担化对方力

承托彼力而化之，称之为"担化"。比如用我膀臂的弹簧力担化开对方的来势，使其失去中心和重心，目的是便于我发手进着。

4. 搓磨试其功

"搓磨试其功"的意思是说，在与对方交手时，先要不丢不顶，不扁不抗，采用粘连黏随之法，来试探对方的虚实和功力。

5. 歉含力蓄使

"歉"是不足的意思，"含"是力储于内，含而不露，"蓄"是聚积的意思。这句话的意思是说，在与对方交手时，先不要竭尽全力，而是先要用一部分力量来作试探，要保存着大部分的力量，以作后援之力，等试探到对方的虚实后，若有机会进着时，再把蓄积的含力全力发出，这就是蓄势待发的意思。

6. 粘黏不离宗

这句话的意思是说，在与对方交手时，用粘黏的方式和对方进行周旋，使其想进不得手，想退又不得脱。采取粘黏的手法应敌，最终还是以将其打倒为宗旨。

7. 随进随退走

"随"是跟随，能随即无丢顶之病，也就是要用粘黏的方法来随着对方的进退而进退，对方前进我即后退，对方后退我即前进。这样，在以粘黏连随为前提的情况下，方可在随着对方的进退当中寻机进攻。

8. 拘意莫放松

"拘"是抓拿，"意"是意念。这句话的意思是，在与对方进退周旋时，时刻要有抓、捋、采的准备和意念，如能得着机会，就要立即使用抓拿的手法捋带之。

9. 拿闭敌血脉

"拿"是武术技击的方法之一，"拿"是擒拿，"闭"是封闭。与敌交手时，如对方出手阴毒，我即要用拿闭其血脉的手法使其窒息，令他失去活动能力。

10. 扳挽顺势封

"扳"是反转制阻，"挽"是抓住不放的意思。这句话的意思是，当与对方交手时，如果对方要对我使用扳挽手法时，我就要立即顺其来势，封闭其来手，不让其得逞。

11. 软非用拙力

太极拳中说的软，并非是不用力或没有力的软，而是不用拙力的柔，外似绵软，而刚蕴于内，柔在前，而刚紧随其后。以柔在前，便于试探对方之虚实，一旦得机，再用刚劲发手。

12. 掤臂要圆撑

"掤"是掤手，用时臂膀要圆撑起来。

13. 搂进圆活力

搂进的力量，要以圆活为主。圆活力就是横竖、上下、左右各方都有含蓄力的混元劲。此力如环无端，刚柔不现端倪，圆整而灵活。否则，有横力无竖力，或者有竖力而无横力，均易为人所制。

14. 摧坚戳敌锋

"摧坚"是摧毁敌人锐利的攻势和坚固的守势。"戳敌锋"，戳其锋芒，不叫他攻进来。

15. 掩护敌猛入

"掩护"是用方法遮蔽来保护自己的意思。这句话是说，如果敌人来势凶猛，我要掩护自己，先闪开他的锋锐，再进我的着手攻击之。

16. 撮点致命攻

"撮点"是用手指戳点的意思。这句话是说，如果对方用极其恶毒的手法来进攻我，我就要用戳点致命的手法来对付他。

17. 坠走牵挽势

如果对方抓住我的手臂，用牵挽的手法来牵倒我，或是扳折我的臂膀时，我要用沉肩坠肘和坠身退走的方法来应付才行。

18. 继续勿失空

这句接连上句,是说在退走的同时,要乘机用手还击,要做到粘黏不断、式式不空。

19. 挤他虚实现

"挤"是挤法。这句话是说,用挤法来迫挤对方,使他现出虚实来,以便我决定用手的着法。

20. 摊开即成功

"摊"是撒开的意思。所谓摊开就是使用大舒大展、直发到底的手法,向对方进击。比如在用挤法来迫挤对方,使其现出虚实、露出破绽和空隙时,我就急速使用摊开的手法急速向其进击,使其不得还手,一举成功。

(二) 轻重分胜负五字诀

1. 双重行不通,单轻反成功

武术技击中,最忌犯双重。所谓双重就是力与力争,互相顶牛,所以说"双重行不通"。使用单轻的手法应敌则无双重之病。比如敌欲以重力击我,我以单轻应之,使其击点落空而倾仆。所以说"单轻反成功"。

2. 单双发宜快,胜在掌握中

"单双发宜快",是说身法和手法的变化要迅速敏捷,向外

发放要有迅雷不及掩耳之势，只有这样，对敌取胜方能在我的掌握之中。

3. 在意不在力，走重不走空

"在意不在力"，就是要用意不用力，无论平日行功走架还是与人交手，都要做到用意不用力。所谓"用意不用力"，并不是完全不用力，而是说不要用拙力。

"走重不走空"。重是实，空是虚，走重不走空，就是打实不打虚。俗话说："遇实则攻，逢虚则守。"此乃技击之原则。

4. 重轻终何在，蓄意似猫行

这句话的意思是说，你的轻重虚实究竟在哪里呢。你的蓄意必须要像猫轻轻地走路那样，不可被对方察觉。

5. 隅方得相见，千斤四两成

"隅方"就是斜角。这里隅方是指对方的侧面，也就是对方的横线。在与对方交手时，如果能够得到对方的横，那么就可以用小力而胜大力，也就是可以用四两拨千斤的方法战胜对方，取得成功。

6. 遇横单重守，斜角成方形

这句话的意思是说，在与对方交手时，如果对方找我的横线，想从我的侧面向我进击，那么我就要用单重的手法来防守。就是要顺势换步，使我的正面（竖线）来对准他的侧面（横线），这就是所谓的"斜角成方形"。

7. 踩定中诚位，前足夺后踵

"踩定中诚位"，就是在向对方进击时，要脚踏中门。俗话说："脚踏中门夺他位，就是神仙也难防。"前足夺后踵就是要用我的前脚去夺他后脚的位置。

8. 后足从前卯，放手便成功

"后足从前卯"是说在我打人时的步法上，除了前脚要脚踏中门之外，后脚还要往前卯劲，也就是后脚要用力往前蹬。俗话说"消息全凭后脚蹬"，正是这个意思。只要做到了以上几点，那么放手发放即可将对方打倒，也就是"放手便成功"。

9. 趁势侧锋入，成功本无情

这句话还是说和对方交手时，要趁势从其侧面找他的横线进攻。另外，要想成功，要想把对方打倒，手上就不能留情。俗话说"含情面软终无胜"，就是这个意思。

10. 展转急要快，力定在腰中

"展转急要快"是讲应敌时，身法的闪展腾挪一定要急，要快。用力时一定要以腰力为主，要力由脊发，即"腰为主宰"是也。

11. 舍直取横进，得横变正冲

此句还是说与敌交手时，要舍去他的正面竖线，取他的侧面即横线进攻。只要得手，得到了对方横线，我就要立即用我

的正面竖线对其进行冲击。

12. 生克随机走，变化何为穷

"生克随机走"，是说与敌交手，生克的手法要随机而用，因敌而变化。而变化又是无穷无尽的，各种手法千差万别，所有这些都要随机应变，不能光靠死着法而不知变化，不知变化者难成高手。

13. 贪歉皆非是，丢舍难成名

与人交手时，够不着非要强着去够是为"贪"，该用手时没有用是为"歉"，贪和歉都不对。"丢"是丢掉，"舍"是舍弃，丢舍皆为病手。与人交手时，不该丢掉的机会就不能丢掉。就是说该用手时就一定要用，不能放过；而遇有用手的机会，不该舍弃的也同样不能舍弃，也就是应该紧追不舍的，就不能轻易舍弃，否则总是失机失势，就很难成名。

14. 武本无善作，含情谁知情

俗话说："武不善作。"就是说武术本身应以实战为主，不能做作。同时，在与别人交手时，也不能留情，因为"含情面软终无胜"。如果你对别人手下留情，那么又有谁知你的情呢？

15. 情同形异理，方为武道宏

"情"是意图，"形"是动作形体的表现。这句话的意思是说，如果能够懂得情同形异的道理并能做到"情同形异"者，才能算是武林中的高手。

49

16. 术中阴阳道，妙蕴五言中

此句是说，武术当中这些阴阳变化的道理，都巧妙地蕴藏在这五字诀中了。

17. 君问意何在，道成自然明

这是本诀中的最后一句。"君问意何在"，意思是说，你要问这诀中所讲的一切究竟是什么意思？"道成自然明"是说，等你把功夫练好了，就是说等你把"道"修成了，那么这诀中所讲的一切，你也自然就会明白了。

第三章　杨班侯八十一式大功架太极拳

第一节　杨班侯八十一式大功架太极拳名称

无极预备势，太极起势　1. 揽雀尾　2. 斜单鞭　3. 回身提手上势　4. 白鹤亮翅　5. 左右搂膝拗步掌　6. 手挥琵琶　7. 左右搂膝拗步掌　8. 手挥琵琶　9. 进步搬拦捶　10. 如封似闭　11. 十字手　12. 抱虎归山　13. 斜步揽雀尾　14. 肘底看捶　15. 左右倒转肱（左右倒撵猴）　16. 斜飞势　17. 提手上势　18. 白鹤亮翅　19. 搂膝拗步掌　20. 海底针　21. 扇通臂（闪通背）　22. 撇身捶　23. 上步搬拦捶　24. 揽雀尾　25. 单鞭　26. 左右云手　27. 单鞭　28. 高探马　29. 左右分脚　30. 转身蹬脚　31. 左右搂膝拗步掌　32. 进步栽捶　33. 反身白蛇吐信　34. 上步搬拦捶　35. 右蹬脚　36. 左右披身伏虎　37. 回身蹬脚　38. 双风贯耳　39. 左蹬脚　40. 转身蹬脚　41. 上步搬拦捶　42. 如封似闭　43. 十字手　44. 抱虎归山　45. 斜步揽雀尾　46. 斜单鞭　47. 左右野马分鬃　48. 上步揽雀尾　49. 斜单鞭　50. 玉女穿梭　51. 上步揽雀尾　52. 单鞭　53. 云手　54. 单鞭下势　55. 金鸡独立　56. 倒转肱

51

(倒撵猴) 57. 斜飞势 58. 提手上势 59. 白鹤亮翅 60. 搂膝拗步掌 61. 海底针 62. 扇通臂 63. 撇身捶 64. 上步搬拦捶 65. 揽雀尾 66. 单鞭 67. 云手 68. 单鞭 69. 高探马 70. 十字腿 71. 搂膝指裆捶 72. 揽雀尾 73. 单鞭下势 74. 上步七星 75. 退步跨虎 76. 转身摆莲 77. 弯弓射虎 78. 上步搬拦捶 79. 如封似闭 80. 十字手 81. 合太极

第二节 杨班侯八十一式大功架太极拳的练法及技击含义

无极预备势

面南背北自然站立，双脚并拢，两手下垂，掌心向内贴于两腿外侧，掌指朝下。闭口叩齿，舌抵上腭，头顶项竖，尾闾中正，闭目合神，排除杂念，全身放松。要做到外无动态，内无想象，平心静气，无思无虑的境地。（图1）

图1

太极起势

太极起势也叫有极势。首先要在思想上动起练拳的念头，然后精神贯注，开始练拳，要由静中自然生出动来。开目凝

神，意注丹田，坐身屈膝，重心移于右腿，左脚向左横跨半步，使两脚距离与两肩同宽，再将重心移于两腿，用顶劲将身体领起至自然站立。（图2）

图2

第一式　揽雀尾

此式主要动作为掤、捋、挤、按。

接前式。两手背向前翻转至手背朝前之后，两臂再像起重机的吊臂一样徐徐向上提起，抬至与肩同高，两臂平行，与肩同宽，两手背朝上。两臂上提时，不可用僵劲，同时要含胸拔背，两臂自然前伸，但不可挺直。要做到松肩坠肘，使肘尖朝下。（图3）

上动不停。两肘尖对准两膝，弯曲下坠，同时，臀部下坐，屈膝蹲身。下蹲时，要呼吸自然，意注丹田，头正身直，身体不可前俯后仰。（图4）

在两肘下坠时，两臂即屈肘后撤，至两手撤到乳下为度，同时翻掌，使手心朝前，虎口与十指均向上；重心移至右腿，左脚收至右脚旁，脚尖虚点地，随即向前上左步，脚尖上勾，脚跟着地。注意不可挺胸。（图5）

图3　　　　　　图4　　　　　　图5

上动不停。两手自乳下向前平推至正前方，两肘微屈；两腿成左弓右蹬势，左腿向前弓至小腿垂直地面，右腿微屈，不可绷直；两手前推时，勿用拙力，意在掌心，同时要做到尾闾中正，头要正，身勿后仰，胸勿前挺，两眼向前平视。此式为"按"。（图6）

上动不停。右脚向左后移一小步；同时，两手微向右外转，并向后坐身，两手随着身向后坐亦向后撤至右胯旁，双手向后撤时，左手在前，如同按在对方肘部，右手在后，如同按在对方腕部一样；左脚尖向上勾起，目视前方。此式为"捋"。（图7）

上动不停。左手心向里，左臂向前上方架起并撑圆，左手指与右肩对齐，同时右手下按于右胯旁；左腿前弓，两腿成左弓右蹬势。此式为"掤"。（图8）

图6 　　　　　　图7 　　　　　　图8

上动不停。右臂向里裹劲，由下向上经左胸前成圆形向右前伸出，左手紧随其后，亦向右前方（西方）伸出；右脚也同时向右前方（西方）上步，两掌掌心向西，虎口朝上，面亦向西。（图9）

上动不停。意在掌心，松肩，用腰力带动双手向左下方回撤至左胯旁；右脚尖向上勾起，重心移至左腿，仍作捋式，双手回撤要与重心向后移动相一致。（图10）

图9 　　　　　　　　　图10

上动不停。右手手背向前，左手扶在右手腕脉门处，重心前移，双手同时向前挤出，挤出时要用腰劲，两腿成右弓左蹬势，面向西，头正身直；目视前方。此式为"挤"。（图11）

上动不停。两手臂向前平伸，松肩，手心朝下，左手从右手腕到右手背上由左向右逆时针划一小圆。（图12）

两手左右分开至与肩同宽，再向后坠肘回撤到胸前乳下，随撤随翻掌，使掌心朝前，虎口与十指均朝上；同时，右脚收回半步，脚尖点地，重心仍在左腿。（图13、图14）

图11

图12

图13

图14

上动不停。随即向前迈出右脚，脚跟着地；同时两手亦向外推出，再做"按"式，两掌前推时要以腰力为主；两腿成右弓左蹬势，仍面向西。（图15）

接上动。两手心向左外微转，向下坐腰，重心移至左腿；双

手向左做"挒"式，挒至左肋后，翻掌使两掌心仍朝外，再向右做挒式；同时重心亦随之移向右腿，面向南。（图16、图17）

上动不停。右手变勾手上提，左手随之亦上提，手心向内，其高度为左肘与肩平；左脚随着两手的动作收至右脚内侧，脚尖点地成虚步，重心在右腿；目视左手手心，左手鱼际贴于右手虎口处。呼吸自然，意注丹田。此为"揽雀尾"之末势。（图18）

图 15　　　　　　图 16

图 17　　　　　　图 18

【技击意义】"揽雀尾"是太极拳中很重要的一个式子，它由掤、捋、挤、按四个动作组成，诀云"掤捋挤按雀尾生"即为此意。掤是用来掩护自己的正胸，以避开对方进攻的手法，掤手前臂要有圆撑之力，这样既可保护自己，防止对方的攻击，又可向外爆发抖擞之力，是推手中的第一功法。

捋分左捋与右捋，捋是顺着对方的来劲引进后使其落空，是克敌制胜的重要手法之一。

挤是用我之手背直向对方肩下、肘上击出，使之摔跌之法，所谓"挤在手背"即是此意。用时要使双手之力合在一起发出。

按是用双手对准对方的虚处，并在我手得实之后，进步用力推出之法。按时要用腰劲发出。

第二式　斜单鞭

接前式。左手心向里，以左肘窝对准鼻端，经面前向左斜方划过，在划到左斜方45°即东北方向时，左手手心转向外并向左前方伸出；左腿亦随之向东北方向迈进，两腿成左弓右蹬势；左手臂成半圆形，手指、虎口均朝上，右手臂向右后上方伸出，仍作勾手，面向东北，目视左手前方。（图19）

【技击意义】如对方用左手迎面打来，我疾以右手勾

图19

挂对方来手，同时上左步、进左手击其胸部，为连顾带打之法，左右用法相同。诀云"斜走单鞭胸膛占"即此意。

第三式　回身提手上势

接上式。右脚前凑半步，身向后坐，重心移于右腿；同时，左手上翻，左肘屈回置于左肋下，左手心斜向上；左脚脚尖向上勾起，脚跟着地；右手仍做勾手，要尾闾中正。（图20）

接着左脚尖里扣，向右后方转体180°，面向西南；左手随转身之势护于左肋前；重心移于左腿，身体仍下坐，右腿伸直，脚跟着地，脚尖上勾；右手在转身时散开勾手，手心向下，稍回撤，左手掌指朝右，掌心向外由左肋穿向右肋，再经右臂下前穿，同时右臂屈肘回撤。（图21、图22）

图20　　　　图21　　　　图22

当左臂穿出后，右手掌指朝左，掌心向外推向左臂下方。注意含胸，松右肩，坠左肘。（图23）

右手再从左臂下穿出，左肘屈回，两前臂在胸前经过，叉形交错，待右臂穿出后，弯臂呈半圆形，作掤势，左手撤回，掌心向外，掌指朝上，扶于右前臂内侧，以作护肘之用；面仍向西南，目视前方。（图24、图25）

图23　　　　　图24　　　　　图25

【技击意义】此式是与对方迎面搭手和接手时用于避敌和攻敌的手法。诀云"回身提手把着封"即此意。

第四式　白鹤亮翅

接前式。弯下腰身；右手随弯腰下沉之势由下往上捞，左手心向下，右手心向上；面向正西，眼看右手手心。此势动作称为"海底捞月"。（图26）

向左转身135°，取正中式，将左脚置于右脚前，脚尖点地成虚步，重心在右腿；左手横掌下按，右手变拳，由左掌前方下击。（图27）

上动不停。腰身竖起；右手变掌经过胸前，向头顶上方撩

起，翻腕使手心向外转成挑式，左掌横掌向外撑出；气向下沉，重心在右腿，左脚脚尖点地成虚步；面向正东，眼向前看。（图28）

图26　　　　　图27　　　　　图28

【技击意义】"海底捞月"的用法是，当对方用脚向我踢来且高不过膝时，我疾弯腰用手捞挎其腿并向上撩，使其仰面跌出。

"白鹤亮翅"的用法是，若对方用手迎面从上而下向我打来，我即一手由下而上向对方击来的臂肘后截挑，同时另一手直向对方的软肋下用横掌击出。诀云："海底捞月亮翅变，挑打软肋不容情。"

第五式　左右搂膝拗步掌

接前式。右手自头上向左肩头搂化，同时微蹲，向左转身扭胯，左手亦由下向后搂起至与左肩平，重心在左腿，右脚成虚步，面向北。（图29、图29附图）

图 29 　　　　　　　　　图 29 附图

右手自左肩搂过后下按，身与胯向右扭转；左手也由左方抬起向上搂化，随身右转，经头面部向左肩搂；面向南，重心在右腿，左脚虚步。（图30）

同时，右手亦由下向右后方搂起至与右肩平直；抬左腿，左手从左膝前搂过，面向东。（图31、图32）

图 30 　　　　　图 31 　　　　　图 32

左手由左膝前搂过后下按于左胯旁；同时左脚落地。（图33）

同时，右手从脑后经右耳旁向前推出，掌心朝前，掌指、虎口均朝上；随右掌向前击出，重心亦向前移，两腿成左弓右蹬势，面向东，目视前方。（图34）

图33 　　　　　　　　图34

【技击意义】左右搂乃连顾带打之法，既掩护自己正胸、面部和腿膝，又是一手搂化对方踢来之腿，另一手向对方肩部斜击之法。故诀云："搂膝拗步斜中找。"

第六式　手挥琵琶

接前式。右手向左平划一小圆，左手由下向上、向前抬起，掌指与虎口均向上，在右手向左划圆的同时，左手从右肘下向前穿出，右手划圆至左肘上方时，由左肘内侧下落，置于左肘之下，以作护肘之用；同时，右脚前挪半步，屈膝，重心落在右腿上；左腿伸直，左脚脚尖向上勾起，脚跟着地；目视左手前方，面向正东。（图35）

【技击意义】倘若对方用手向我正胸打来，我疾以右手向左拨开其手，同时疾以左手自下向前、向上穿挡之，为拨化穿挡之手法。诀云"手挥琵琶穿化精"，即此意。

图35

第七式　左右搂膝拗步掌

此式动作先左搂膝，后右搂膝，再左搂膝。练法与技击意义与第五式同。（图36～图47、图41附图）

图36

图37

第三章 杨班侯八十一式大功架太极拳

图 38

图 39

图 40

图 41

图 41 附图

图 42

65

图 43　　　　　　　　图 44

图 45　　　　　图 46　　　　　图 47

第八式　手挥琵琶

练法与技击意义与第六式"手挥琵琶"同。（参考图 35）

第九式　进步搬拦捶

接前式。左手收回平屈胸前，右手亦握拳屈回，并以右肘肘尖向左作横肘拨顶之势，左手掌心向下扶按在右拳上，此为横肘；眼看右肘前方。（图 48）

随之左手顺右前臂向前至右肘尖护肘，右手翻转，手背向前，肘尖向下；同时抬起右腿。（图 49）

右拳向前反打；同时右脚横势向前踹出，并向前落地。此为护臂反打。（图 50）

左手立掌由右肘里侧向前击出，右拳撤回至腰间右肋旁，拳眼朝上；目视前方。（图 51）

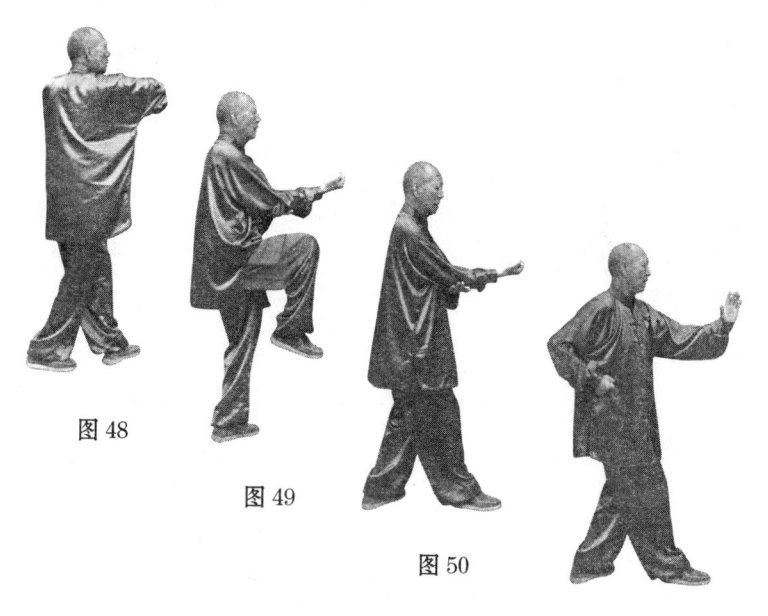

图 48

图 49

图 50

图 51

接上左步，重心前移，成左弓右蹬势；右拳由右肋向前直击，含胸拔背，力由脊发，左掌置于右肘中节里侧，仍为立掌，掌心向右，掌指朝上；面向正东。（图52）

图52

【技击意义】"横肘"的用法是，与对方交接右手时，我以左手从右手肘下穿出，右臂屈肘，以肘尖直向对方的正胸顶击。或者我用双手捋带对方，而对方则顺势用肩向我正胸靠击而来时，我疾用横肘顺势向外横拨而出。即如诀所云："贴身靠近横肘上。"

反打的用法是，若我用肘尖冲击对方正胸，当对方用手托住我肘时，我即疾用护中之手下拨敌手，同时，另一手则以肘尖为轴心，用拳自胸前向对方面部反打。即诀云："护中反打又称雄。"

"搬拦捶"的用法是，当我与对方互搭右手时，我即刻不容缓地疾用左手拦住对方的右肘中部，并以右拳直击对方肋下，同时要进步进身，左右用法相同。即诀所云："进步搬拦肋下使。"

第十式　如封似闭

接前式。右脚向前跟半步；同时，右拳变掌，掌心向下，左手手心也向下，经右肘上方向前，在右手背上向左平划一小圆后，左右分开，与肩同宽。（图53）

右脚随即再向后撤半步；同时两手亦收回至胸前，手掌上翻，掌心朝前，掌指、虎口均朝上；收回双手时，要以腰为主力，松肩坠肘，重心在右腿上，左脚也收回至右脚旁成虚步，脚尖虚点地。（图54）

上动不停。左脚向前迈出，双手再向前推出作一"按"式，两脚成左弓右蹬势；上身不可前俯后仰，要做到尾闾中正，头顶项竖，沉肩坠肘，含胸拔背，力由脊发；目视两手前方。（图55）

图53　　　　图54　　　　图55

【技击意义】如封似闭的用法是，如我的右手腕部或肘部被对方抓住时，我即可用左手向肘、腕部接应，并以环转之力、掩拨之法划拨对方之手，以便撤出自己的右手，并随之用挤按之法，直奔对方的右肩外侧或其正中部位推击而放之。诀云"如封似闭护正中"，是为连顾带打之法。

第十一式　十字手

接前式。右脚向后撤半步，向右转身；同时右臂反上架起，当身体转向正南时，左右两臂同时上举成圆形，两手虎口相对，掌心向上，两手成托天式；上身正直，两腿成正马步，面向正南；目视两手中间。（图56）

两手自头顶向左右分开，上身偏向右方，两臂向左右两侧伸展成通背势，掌心向下；眼看右手。（图57）

图56

图57

两手各经左右在身前由下向内合拢，重心也随之向左移动，双手合至裆前交叉，成向上捞起之势。（图58）

右脚向左靠小半步与左脚成马步，上身随之直起，两腿屈

蹲；两手收至胸前交叉成十字形，两臂围成环形，虚腋含胸；面向正南，目前视。（图59）

图58 　　　　　　　　图59

【技击意义】太极拳的一切手法，都可由十字交叉的手法中变化而出，故诀云"十字手法变不尽"。

第十二式　抱虎归山

接前式。左脚里扣，右脚向左脚收并后，再向右后撤退一步，上身转向右后方，面向正北；交叉的十字手从面前将右手向前伸出，抓握成拳，同时，左手顺右臂前探，右手向后抓回至腹前；两腿成右弓左蹬势。（图60）

将前探之左手变成采式，右手向前、向上直奔对方的肘部。（图61）

左手如同采住对方之腕，右手如

图60

同采住对方之肘，向左胯下方"挒"之，随即将左手按在右手腕内侧；重心在左腿，右腿伸直，右脚脚尖上勾起。（图62）

向前弓右腿，蹬左脚，使两腿成右弓左蹬势，面向正西做一"挤"式。（图63）

图61　　　　图62　　　　图63

【技击意义】当我与对方互交右手时，我用右手将对方右手腕捋住往下捋带，同时左手直奔对方面部击去。对方如用其左手拦截，我以左手变采，将对方左手腕抓住，同时出右手钳制对方之左肘，并直向我左胯下方采挒。此时如对方向后撤手或向回坐力，我即顺其撤势用"挤"手直向对方左肩下挤击之，彼必然跌出。诀云："抱虎归山采挒成。"

第十三式　斜步揽雀尾

接前式。做完"挤"式后，再做一"按"式（图64～图66）。练法同前。

第三章　杨班侯八十一式大功架太极拳

图64 　　　　　图65 　　　　　图66

做完"按"式，即向左转身，面向正西，继续向左方做一平"捋"再向右方做一平"捋"。（图67、图68）

当双手平捋到身体右侧后，右手上提变勾手，手指朝下，左手上托至右勾手旁，左手掌心朝上，鱼际靠近右手虎口；同时，左脚收至右脚内侧，脚尖虚点地，重心在右腿，面向正西。此为"揽雀尾"之末式。（图69）

图67 　　　　　图68 　　　　　图69

73

【技击意义】与前面的"揽雀尾"之用法相同。

第十四式　肘底看捶

接前式。左手向前下平落至与胸平；左脚亦向前，横脚蹬出，不落地。（图70）

随即，左手与左脚同时向左平划半圆至正南，左脚落地；左手内旋翻掌，继续向左后划圆至正西，与此同时，右手也变掌下落，使右臂与肩平，掌心朝外，掌指朝上，并随身体左转由右向左平划至正东；右脚也随身左转向西上步，扣脚，落于左脚后方，两脚尖均朝东；两手臂左西右东成通臂势；目视右手前方，面向正东。（图71）

上动不停。左手里裹，屈肘经左肋旁掏掳向前，并由胸前顺右手臂上方前伸，翻腕使掌心朝外，掌指朝上，同时，右手随左手前穿向左搂化，并后撤至左肘下方成拳；重心在右腿上，左腿伸直，脚跟着地，脚尖向上勾起；沉肩坠肘，面向正东，目视左手前方。（图72）

图70 　　　　图71 　　　　图72

【技击意义】"肘底看捶"的用法是，在我左肘（左臂中节）被对方抓采时，我在左肘下之右拳即可随时出击，并用以解开我被抓之左肘，诀云"肘底看捶护中手"，即为此意。俗说"中节不明，全身皆空"，可见"护中"之重要性。

第十五式　左右倒转肱（左右倒撵猴）

接前式。左掌向前平伸，右拳变掌，由下向后平举，两臂成通臂势；左脚放平，重心仍在右腿，两肩放松，含胸，气下沉。（图73）

左腿向上平抬；右掌由后向前经右耳旁，再沿左臂上方向前平推至左手上方，掌心朝前；眼向前看。（图74、图75）

图73

图74 　　　　　　图75

左手翻掌，使掌心朝上，并由前向下、向后划至左膝外侧时，左腿即向后撤步，落在右脚后方；左手随左腿向后撤步，继续向后划至后方平举，臂与肩平，掌心仍向上，两臂平直成通背势，两肩松沉；重心移向左腿，目视右手前方。（图76）

右腿向上平抬；左掌由后向前经左耳旁，再沿右臂上方向前推出至右手上方，掌心朝前；目视前方。（图77、图78）

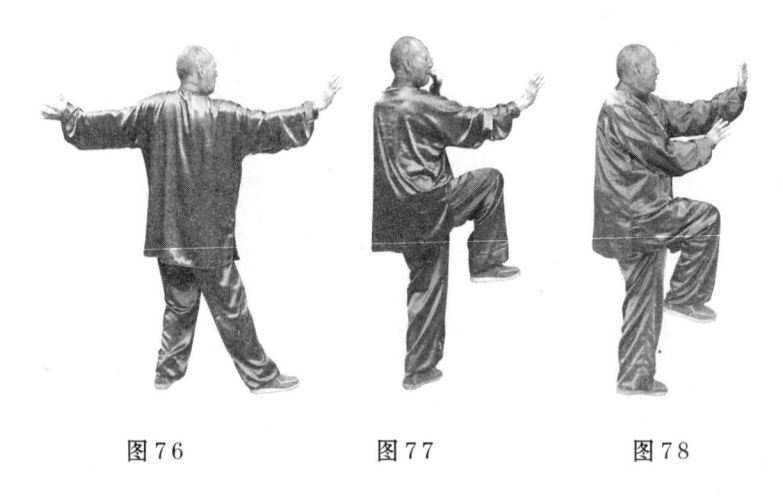

图76　　　　　图77　　　　　图78

右手翻掌，使掌心朝上，并由前向下、向后划至右膝外侧时，右腿即向后撤步，落于左脚后方。（图79）

右手随右腿向后撤步，继续向后划至右后方平举，臂与肩平，掌心仍向上，两臂平直成通背势，两肩松沉；重心移向右腿，目视左手前方。（图80）

再继续做一次左倒转肱，动作如前式，练法相同（图81、图82）。倒转肱两左一右，共做三次，故诀云："退行三把倒转肱。"

第三章　杨班侯八十一式大功架太极拳

图 79　　　　　　　　　图 80

图 81　　　　　　　　　图 82

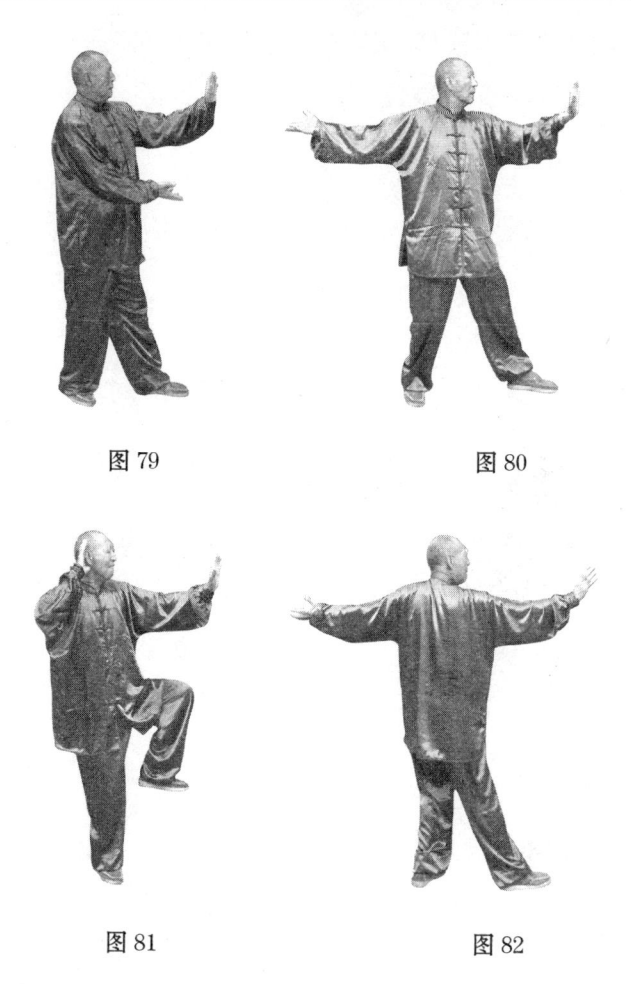

【技击意义】此式的用法是，当对方抓住我的手腕时，我即退步后撤，用身体下坠被抓之手，并向外翻腕，对方之手自开。同时，另一手则向对方面部推击。诀云"坠身退走扳挽劲"，即为此意。

77

第十六式　斜飞势

承接"左倒转肱"之末式。左臂由后向上、向前回屈，使左手屈伸到右肩前，掌心向下，掌指向右，同时，右臂亦由前向下、向后收回，使手至左肋下，掌心向上，掌指向左；右脚也同时收至左脚前，面向正北。（图83、图83附图）

图83 　　　　　　　图83附图

右脚不停，经左脚里侧划弧，继续向右（正南方）迈出落地。身体随之右转90°，面向正东；同时，两手在胸前交叉，左手在上，掌心向下，掌指向右，右手在下，掌心向上，掌指朝左不变。（图84）

上动不停。两臂随之左右展开，左掌向左斜下方，横掌下按于左胯旁，掌心向左，掌指朝前，虎口向下，右臂向右斜上方横挑而出，手掌外拧，掌心斜向上，掌指、虎口均朝南；重心随之移于右腿，身向右倾，两腿成右弓左蹬势，面向正东，目视前方。（图85）

第三章　杨班侯八十一式大功架太极拳

图84　　　　　　　　图85

【技击意义】当我与对方互搭左手时，即用左手采住对方的左手腕，同时，右脚向对方左侧后上一大步，用右脚钳住对方之脚，右臂则由对方的左腋之下向前穿出，并直奔其右肩向外抖击。同时，起身长腰，以助抖击发放之力。此式用时不易落空，故诀云"斜飞着法落不空"。

第十七式　提手上势

接前式。身体右转，重心在左腿，右脚尖勾起，脚跟着地；右臂作掤势，左手护右肘。（参考图25）

【技击意义】同第三式"提手上势"。

第十八式　白鹤亮翅

练法和技击意义均与第四式"白鹤亮翅"同。（参考图26～图28）

第十九式　搂膝拗步掌

做左搂膝拗步掌一次。（参考图 29～图 34）

【技击意义】与第五式"搂膝拗步掌"同。

第二十式　海底针

接"左搂膝拗步掌"不停。右脚向前跟一小步，左脚向右脚前斜上一小步，脚跟着地，脚尖上勾，重心在右腿上，同时，身体向前下弯腰；右手微向回收，左手上抬与右手取平，两手虎口相对，然后随身体向前下弯腰，下插至左脚踝骨外侧，手背均朝前，掌心向内，掌指向上勾起，左右两手相平，虎口相对；面仍向东，目视前下方。（图 86）

图 86

【技击意义】当对方向下进攻我腿部时，我便弯腰向下以手截护，并含有发招进手的蓄势藏于其中，口诀"海底针要躬身就"即是此意。

第二十一式　扇通臂（闪通臂）

接前式。左脚向右（正南方）斜上一步，身体向右转，两腿成左弓右蹬势，头朝南，身体正面朝西；双手随之翻腕向上、向前托架于头顶前上方，两臂左下右上成圆形，两掌心均朝外，双手虎口相对；上身随左腿前弓向左倾，眼看左手。（图87）

图 87

【技击意义】当与对方互交左手时，我用右手从对方左臂下穿出，用我右臂向上托架对方左臂，同时，出左手直奔对方的左肋下进击，左脚亦随左掌向前进击，同时向前上步，使身手一致，手到脚也到。诀云："扇通臂上托架功。"

第二十二式　撇身捶

接前式。右手由上向正前方（西方）伸出，臂与肩平，重心仍在左腿；左臂上抬，手心向外置于额前；面向西。

随即，右手再由前向下、向回抓至左肋旁，同时，左手向下、向右护于右肘之上，掌心向下。（图88、图89）

重心右移；右臂以肘尖为圆心，使右拳从左经胸前向右侧横臂抡出，拳眼向上，拳背向后，上身亦随之右转，左手仍在右肘下；同时，左脚走弧线，经右脚里侧向后撤至右脚后方；目视右拳。（图90、图90附图）

图88

图89 　　　　图90 　　　　图90附图

【技击意义】与对方交手时，对方闪开正面，并进步向我右侧进身袭来，我即用右手抓获其肘，并顺势用左手抓其手腕，腾出右手变拳向对方胸肋部横向撇击。诀云："撇身捶打闪化式，横身前进着法成。"

第二十三式　上步搬拦捶

此式含反腕闭拿之法，不单列式名。

接前式。身体微向左转，面向正西；右臂内旋，由右向左划至身体正前方，拳眼向下，拳背向左，左手掌仍护于右肘；目视前方。（图91）

右臂由前向下收至腹前，再向上经胸前、口前，由内向外反打而出，前臂放平，拳背向下，左手仍不离右肘，掌心向上扶于右肘下；同时，右腿向上抬起；目视前方。（图92、图93）

图91　　　　　图92　　　　　图93

右脚向前横踹后落地；右手前臂内旋，使拳眼向上，左手成侧立掌扶于右肘里侧。不停，左掌自右臂内侧向前立掌伸出做搬拦势，右拳同时收回到右肋旁；眼向前看。（图94）

上左步；右拳自右肋旁向前击出，左手仍成侧立掌护于右臂中节；同时弓左腿，使两腿成左弓右蹬势；面向正西，目视前方。（图95）

图94 　　　　　　　　图95

以上为"搬拦捶"之练法。

"反腕闭拿法"之练法如下：

前动不停。将击出之右拳伸开变掌，掌心向下，左手亦变为掌心向下并向前伸，放在右手腕上；同时，右脚向前跟进半步；目视前方。（图96）

上动不停。右脚仍退回原地，身体向后坐；用腰身向后坐压之力，将双手向下拉至腹前；重心坐于右腿，左脚伸直，脚尖上勾，含胸坠肘；目视前下方。（图97）

图96 　　　　　　　　图97

左脚尖着地，左脚放平；同时双手由下向内并向上翻转，使两手掌心向上，左手扶在右手腕下；进右步，双手在向前进右步之同时，由腹前向上经胸前、口前向前上方托击而出。（图98、图99）

图98 　　　　　　　　图99

【技击意义】"搬拦捶"的用法同前，要说明的是"反腕闭拿法"的用法。当对方将我击出的右手腕抓住，我即上左手按住对方抓我之手，疾速坐身下压，并将其抓我之手下拉，同时翻右腕，此为小拿法，用于折扣敌腕。当对方将手向回抽，我则顺势用右手虎口直奔对方的项下颈部，取封闭敌喉之式托击而出，即顺对方之去势而击取之。也可用我右手掌指直戳敌之双目，其法更为狠毒，易使对方致残，故应慎用之。拳诀"腕中反有闭拿法"即为此意。

第二十四式　揽雀尾

左右两个捋式，练法如图100～图102所示。技击意义参看第一式"揽雀尾"。

图 100　　　　　图 101　　　　　图 102

第二十五式　单鞭

"单鞭"练法如图 103、图 104 所示。

【技击意义】 "单鞭"的用法与第二式"斜单鞭"相同，只是在方向上略有不同，此式是面向正东。

图 103 　　　　　图 104

第二十六式　左右云手

接"单鞭"不停。将右脚收至左脚旁并齐，双腿成屈膝半蹲状，上身正直；同时，右勾手变掌，由后向前划至右腿旁，左掌向前平伸，坐腕，掌指、虎口均朝上，掌心向东，掌心含蓄发劲。（图105）

右手随之自下而上在身前划大圆，当划过左肩头至接近左手腕时，开始向上、向右划过头部，以肘窝对准口鼻部位为度，肩不可向上抬，掌指向上，掌心向里，小指里拧，左手掌心向下，在右手往上划的同时往下沉划；面向南，眼看右手。（图106）

上动不停。右手继续由头部上方向右后方划至臂与右肩相平，并翻掌坐腕，使掌心向右，掌指、虎口仍朝上；同时，左手也继续在身前，由左向右、向上划过右肩头至接近右手腕处；重心在右腿，眼看左手。（图107）

图105 　　　　图106 　　　　图107

上动不停。左手由右继续向上、向左划过头部，同样以肘窝对准口鼻为度，肩不可上抬，掌指向上，掌心向里，小指里拧，右手掌心向下，在左手往上划的同时往下沉划；面仍向南，眼看左手。（图108）

左手继续由头部上方经面前向左前方划至臂与肩平，并翻掌坐腕，使掌心向左，掌指、虎口均朝上，掌心含蓄用力；与此同时，左脚向左横跨一步迈出，脚尖朝东，身体向左转，面向东，两腿成左弓右蹬势；眼看左手。（图109）

图108　　　　　　图109

至此为右云手与左云手各一次，如此再重复做两次，共做三次。

【技击意义】此式用法和"斜飞势"用法略同。当我与对方互搭右手时，我立即向对方右侧上左步，同时用左手从对方的右臂下向上穿出，并用左肩直扛对方的右腋。当我把对方的右臂向上扛起时，我左手立即向外横拨，用力反抖，并使左臂疾向下反转，就是要用左臂的螺旋劲爆发变成惊弹劲抖发而

出，敌必应手而跌。拳诀"云手三进臂上攻"即为此意。

第二十七式　单鞭

此式为重式。当第三次云手做完后，后面的右掌变为勾手即成单鞭。（图110）

图110

第二十八式　高探马

接"单鞭"不停。将右后方之右勾手松开变掌向上扬起，掌心朝前，掌指、虎口均向左，并向前经过头顶横肘向胸前落下，同时，左手由前向下、向里收回至腹前；重心在右腿，目前视。（图111、图112）

右臂横肘继续下按于腹前，同时左手掌心翻向上，依次经腹前、胸前及口前向前上方刺出，小指外拧；上身随左手前刺之势前倾，两腿成左弓右蹬势，重心在左腿；目视左手掌指前方。（图113）

图111　　　　　图112 　　　　　图113

【技击意义】若对方用中平手直奔我胸前打来，在猝不及防时，我疾用右手由上向下压截敌手，取向下横拦之势，同时吸身，用左手由下向上、向前直奔对方面部刺出，手心向上，掌指向前，同时要进身将手送出。拳诀"高探马上拦手刺"即为此意。

第二十九式　左右分脚

接前式。两手向下沉落至身体左侧，再由左向右前上方划出，取捋式；同时，左腿回收向上提起；眼看右前方。（图114）

左脚向左后西北方向撤步落下，屈左膝下蹲，身向下沉；双手随之向回捋。（图115）

图114

下挒之双手由下向左上方提起，收至左耳外侧，两手成交叉形（十字手势），左手在里，右手在外；同时起身，两腿成左弓右蹬势；眼向右看。（图116）

交叉之双手松握成拳；右腿收回，屈膝上提，使膝与胯平，脚尖上翘。（图117）

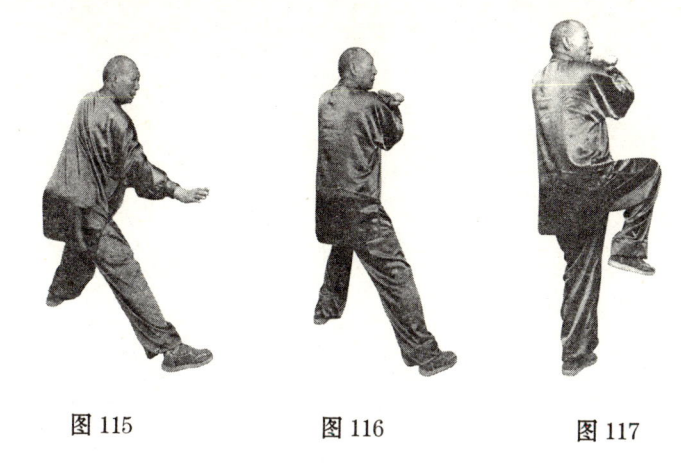

图115　　　　图116　　　　图117

右脚向右（东南方向）横脚蹬出，高与腰平；右拳变掌，顺右腿蹬出方向横掌推出，左拳亦变掌，向左后方横掌推出，两臂与肩平成通臂势，两掌心均向外；眼看右脚蹬出方向。此为右分脚。（图118）

右脚收回，屈膝，向右后（西南方向）撤步落下，屈膝下蹲，身体下沉；左掌内旋，由左向右下落至腹前，右掌亦下落至右胯旁。不停，两手同时由右下向左前上方划出，取挒势向右下挒回；眼看左手。（图119）

下挒之双手由下向右上方提起，收至右耳外侧，两手成交叉形（如十字手势），右手在里，左手在外；向右起身，两腿成右弓左蹬势；眼向左看。（图120）

图 118 　　　　　图 119 　　　　　图 120

交叉之双手松握成拳；收回左腿，屈膝上提，膝与胯平，脚尖上翘。（图121）

左脚向左（东北方向）横脚蹬出，高与腰平；左拳变掌，顺左腿蹬出方向横掌推出，右拳亦变掌，向右后方横掌推出，两臂与肩平成通臂势，两掌心均向外；眼看左脚蹬出方向。此为左分脚。（图122）

图 121 　　　　　　　图 122

【技击意义】"左右分脚"的技击用法是：当我要用脚蹬踢对方之软肋时，必须先要用手把对方的手采住并捋开，方可发脚，只有这样，才可以防止我踢出去的脚被对方捋开或抱住的危险。所以在用腿法时，左右手必须配合，只有先用手采住并捋开对方的手臂之后方可使用，这是太极拳用腿的原则。否则，反容易为人所制。口诀"左右分脚手要封"即是此意。

第三十式　转身蹬脚

接前式不停。左脚收回，屈膝上提，膝与胯平；双手也由两侧向下、向内、再向上收回，握拳在右耳侧交叉成十字手势。（图123）

抬右脚尖，以脚跟拧转，使身体向左转至面向北。（图124、图124附图）

图123　　　　图124　　　　图124附图

左脚向左（正西方向）横蹬，脚与腹平；左手变掌，顺左

腿蹬出方向横掌推出，右拳亦变掌，向右横掌推出，两臂与肩平成通臂势，两掌心均向外；眼看左脚蹬出方向。（图125）

【技击意义】此式用法与前式左右分脚相同，唯此式是向对方之腹部蹬出。拳诀"转身蹬脚腹上占"即是此意。

图 125

第三十一式　左右搂膝拗步掌

接前式不停。左脚屈膝收回，膝与胯平，脚尖上翘，脚不落地；左手由左向上、向右搂过右肩头后，再由右向下经身前向左搂过左膝做左搂膝一次（图126、图126附图），再搂右膝一次，然后再搂左膝一次（图127）。共二左一右。参考前"左右搂膝拗步掌"注解。

图 126 　　　图 126 附图 　　　图 127

第三十二式　进步栽捶

左脚向前迈出落地；左手落于左胯旁，掌心向下，掌指、虎口均朝前，右手握拳自右后方向上经过头顶，用腰劲侧身将拳向前（正西方）击出，拳眼向下，拳背向左；腰身随之左倾，重心落在左腿，两腿成左弓右蹬势；面向北，头朝西。（图 128）

图 128

【技击意义】当对方用中平手向我击来时，我以左手向下拦截捋化，或抓捋对方之手腕，用力向我左腿膝前下拉，使对方身体前倾，我则随后用右拳由后向前直奔对方面门猛击。拳诀"进步栽捶迎面冲"即为此意。

第三十三式　反身白蛇吐信

接上式。左脚里扣，向右后翻身；右拳随翻身之势向右后连臂反出；重心仍在左腿，面向正东，目前视。（图 129）

随之，右拳变掌前伸后，翻掌抓握成拳向下抓捋，左掌经左肋旁向上沿右臂向前探出。（图130）

右手继续向下抓捋至腹前脐下，左掌亦继续向前刺出，掌心向下，掌指朝前，如白蛇吐信状；重心向前移，面向正东，眼看左手。（图131）

图129　　　　　图130　　　　　图131

【技击意义】"白蛇吐信"在太极拳法中是重要的攻击手法之一。

此式的用法：当我与对方交接右手时，我以右手采住敌手并向下捋带，使其身体前倾，同时，出左手直刺敌之双目。拳诀"翻身白蛇吐信变，采住敌手取双瞳"即为此意。此式为易致人伤残之手，应慎用。

第三十四式　上步搬拦捶

接上式。将向前刺出之左手微向下沉，掌指向上，取搬拦势（图132）。向前上左步；右拳向前平击，左手之掌护

于右肘里侧；两腿成左弓右蹬势，面向正东，目视前方。
（图133）

图132 　　　　　　　　图133

【技击意义】此为重式，用法与前式之"上步搬拦捶"相同。

第三十五式　右蹬脚

接上式。左脚尖外摆，身体微向左转；两手上抬，由上向左右分开至身体两侧，两臂与肩平，掌心向外，掌指、虎口均朝上；重心在左腿，眼看右手。（图134）

两手继续向下、向内、再向上在体前划圆形至胸前成交叉十字手势；右腿向上屈膝抬起，膝与胯平，左腿微屈；眼向右看。（图135）

右脚向右（东南方向）横脚蹬出；右掌顺右腿蹬出之方向横掌推出，左掌则向左后方横掌推出，两臂与肩平成通臂势，

97

两掌掌心均朝外，掌指、虎口均朝前；眼看右脚蹬出方向。（图136）

图134　　　图135　　　图136

【技击意义】此式为重式，用法与前面之"右分脚"相同。

第三十六式　左右披身伏虎

接上式不停。右脚收回下落至左脚旁；眼看右手。（图137）

右手臂内旋，向下、向左由身前下落至左胯前，然后双手同时由左向上向右划；左脚向左后（西北方向）撤步，屈膝下蹲，重心

图137

在左腿；眼看右手。（图138、图139）

图138　　　　　　　　　图139

双手由右向左下做捋势，上身随之左转至面向西北，两腿成左弓右蹬势；两手由下向上提，左手握拳，反臂向内卷成半圆形，拳心向外，拳眼朝下，高与肩平，右臂也向内卷起成半圆形，右手握拳，拳心向内，拳眼朝上，高与肋平，左拳眼与右拳眼上下相对；目前视。此为左披身伏虎（图140、图140附图）。重心向右移至右腿；双拳变掌，左臂内旋，右臂外旋，两掌同时由左向下经腹前下落至右胯前（图141、图141附图）。两掌同时由右向左划出做捋式，揉裆，重心移至左腿；双手继续向右下捋，上身亦随之右转至面向东南，两腿成右弓左蹬势；两手由下向上提，右手握拳，反臂向内卷起成半圆形，拳心向外，拳眼朝下，高与肩平，左臂也向内卷起成半圆形，左手握拳，拳心向内，拳眼朝上，高与肋平，两拳眼上下相对；目前视。此为右披身伏虎。（图142）

99

图 140　　　　　　　　图 140 附图

图 141　　　　　图 141 附图　　　　　图 142

【技击意义】"披身伏虎"的用法是：当我与对方互搭右手时，我用右手采捋对方之右腕，向下、向回捋带，左脚同时向对方的右侧身后进步，此时，急撤右手变拳向对方胸部进击，并卷起左臂，用左拳向对方右臂后下侧之肋部进击，使左右两拳成相错对击之势，左右用法相同。拳诀"上打正胸肋下用"即为此意。

第三十七式　回身蹬脚

接上式不停。向左拧胯转身，将重心移至左腿；两手向上，并向左右分开划一大圆，由外向内、向上收至胸前交叉成十字手，左手在里，右手在外；眼向右看。（图143、图144）

将右脚收回，屈膝上提，膝与胯平，眼仍向右看（图145）。右脚向东（东南方向）横脚蹬出，其余动作均与前面之右蹬脚相同。（图146）

【技击意义】同前。

图143

图144

图145

图146

第三十八式　双风贯耳

接前式。身体向右转，面向东南，右脚收回，屈膝含胸；两臂下沉，由外向内收至右膝上方，两手叠交于右膝之上；目视前方。（图147）

两手从右膝上向右膝两侧下沉，并向左右两侧分开，由内向外划圆，当两手划至两侧时，双手握拳，两臂内旋，使两拳心向外，拳背相对，继续向前上方划圆至身体正前方，左右两拳成反臂对击之势，两拳高与头平；同时，右脚向前迈出落地，使两腿成右弓左蹬势；面向东南，目视前方。（图148、图149）

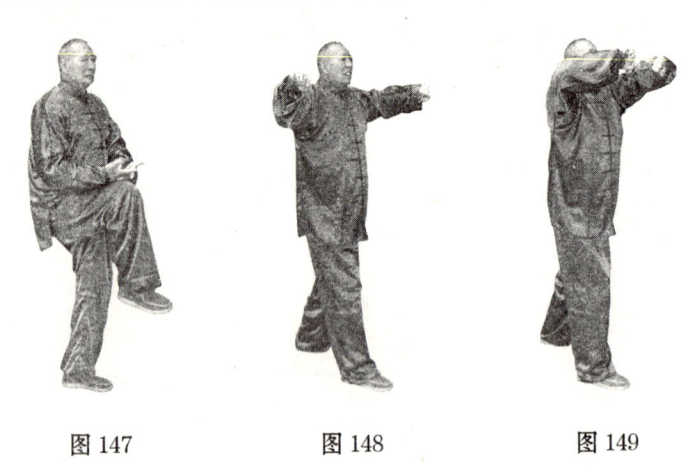

图147　　　　图148　　　　图149

【技击意义】"双风贯耳"的用法是：当我以双手向对方胸部按出后，如对方以双手自上向下、由内向外分拨我之双手时，我之双手即顺其向下、向外之拨势下沉，并疾反双拳从左右向对方耳门猛击。此法十分凶狠，当慎用。拳诀"双风贯耳招法灵"即为此意。

第三十九式　左蹬脚

接前式。右脚尖外摆，上体微向右转；双拳变掌在额前交叉，右手在里，左手在外，两掌心均向外。

两掌向左右两侧分开，掌心向下；重心在右腿，眼向左看。（图150、图151）

上动不停。两手随即向下、向内划至腹前，再向上收于右耳前交叉成十字手，左手在外，右手在里；重心仍在右腿。（图152）

图150　　　　图151　　　　图152

左腿屈膝抬起，膝与胯平；目视左前方，蓄势待发。（图153）

左脚向左横脚蹬出；同时，左掌顺左腿蹬出方向横掌推出，右掌亦向右后方横掌推出，两臂与肩平成通背势，两掌心均朝外；眼看左脚蹬出方向。（图154）

【技击意义】此式为重式，用法与前面之"左分脚"相同。

图 153 　　　　　　　图 154

第四十式　转身蹬脚

接前式。向右转身，左脚向右扣在右脚尖前；同时，两手由两侧向下、向内、再向上收至左耳前，两手交叉成十字手，左手在里，右手在外。（图155、图155附图）

图 155 　　　　　　　图 155 附图

随即抬起右腿，右脚横脚向右（正东方向）蹬出；同时，右掌横掌顺右脚蹬出方向推出，左掌亦向左后方横掌推出，两臂与肩平成通背势，两掌心均向外；眼看右脚蹬出方向。（图156）

图156

【技击意义】此式为重式，用法同前"右蹬脚"式。

第四十一式　上步搬拦捶

接前式。身体向右转，面向正东，同时，将蹬出之右脚收回，屈膝，膝与胯平；右手握拳下落，左手由左向右前护住右肘，右拳经膝前，屈肘向里、再向上经胸前上翻至口前，拳心向里，拳背向外，左手掌心向上扶在右肘下；目视前方。（图157、图158）

右手向前反臂打出，左手成侧立掌，掌指向上，掌心朝右，向前伸出成搬拦势，右拳向后拉回至右肋旁；同时，右脚向前横脚踹出后落地。（图159）

上动不停。右拳向前平击；向前上左步，重心前移至左腿，两腿成左弓右蹬势；左手仍成侧立掌，护于右肘里侧；面向正东，目视前方。（图160）

图157

图158

图159

图160

【技击意义】此式为重式，用法与前"上步搬拦捶"相同。

第四十二式　如封似闭

此式亦为重式，练法及用法均同前之"如封似闭"。（图161～图163）

图161

图162

图163

第四十三式　十字手

接前式。参考第十一式"十字手"。（参考图56～图59）

第四十四式　抱虎归山

接前式。参考第十二式"抱虎归山"。（参考图60）

第四十五式　斜步揽雀尾

接前式。参考第十三式"斜步揽雀尾"。（参考图61~图69）

第四十六式　斜单鞭

接"揽雀尾"末式。右手变勾手（参考图69），左手由面前直向左斜方划出，同时，左脚亦向左斜方上步，即成"左斜单鞭"。（图164）

【技击意义】与前"单鞭势"同。

图164

第四十七式　左右野马分鬃

接前式。左手指向前伸直，里扣，由左向右划至右肩前，同时，右手从右肋间向左臂下伸出，虎口向外；右脚经左脚里侧向前、向右上步。（图165）

右手从左肘下向右前方（西北方向）横击而出，掌心向上，掌指、虎口均向前，小指外拧，左手向左后方拉回，坐腕，掌心向后，横掌停于左腿上方；两腿成右弓左蹬势，面向西北，眼看右手。此为"右野马分鬃"。（图166）

右手里扣，使掌心翻向下，左手向里转腕，使掌心向上，

并由左后方向前经左肋旁过身前向右肘下穿出；目视左前方。（图167）

左脚由后经右脚里侧划弧向左前方（西南方向）迈出，成左弓右蹬势；同时，左手从右肘下向左前方横击而出，掌指、虎口均向前，小指外拧，右手向右后方拉回，坐腕，掌心向后，横掌停于右腿上方；面向西南，眼看左手。此为"左野马分鬃"。（图168）

图165

图166

图167

图168

【技击意义】此式的用法是：如我与对方互搭右手，我用右手向回抓捋对方之右手；随即向对方右侧后方上左步，左手亦同时从其右臂下向前穿出，直奔对方的右腋下进攻，使其向后仰跌而出。左右用法相同。拳诀"野马分鬃攻腋下"即为此意。

第四十八式　上步揽雀尾

接前式。左手翻掌里扣，掌心向下，稍收回，随即右脚向前（正西方向）上步；右手亦从左臂之下向前"掤"出（图169、图170）。其余动作文字略。（图171、图172）

【技击意义】与前"揽雀尾"式相同。

图169

图170 　　　　图171 　　　　图172

第四十九式　斜单鞭

练法与技击意义与前"斜单鞭"相同。（图173、图174）

图173

图174

第五十式　玉女穿梭

接上式不停。右勾手变掌，掌指、虎口均向前，由右后向左前平划至左肘下方，手向里裹，使掌心向里，取搂势，对准胸前，含胸坠肘；同时，身体后坐，重心坐于右腿。左腿伸直，脚尖上勾。（图175）

左脚里扣，脚尖落地；左臂内旋，左掌横于胸前，掌心向外，掌指与虎口朝右；同时，向右转身90°，面向

图175

东南；右手自左肘下向内经身前搂向身体右侧之后，向外拧臂翻掌，并随即向右前上方托出，左掌随右掌托出的同时亦向右前方推出，右掌在前，左掌在后，左掌在右肘下方，两掌掌心均朝前，掌指与虎口亦均朝上；右脚同时向右前方（东南方向）上步，两腿成右弓左蹬势；面向东南，眼看双手前方。此为右"玉女穿梭"。（图176、图177）

左手向里取搂势，对准胸，含胸坠肘；身体后坐，使重心坐于左腿，右腿伸直，脚尖上勾。（图178）

图176　　　　图177　　　　图178

右脚里扣，脚尖落地；右臂内旋，右掌横于胸前，掌心向外，掌指与虎口朝左；同时，向左转身90°，面向东北；左手自右肘下向内经身前搂向身体左侧之后，向外拧臂翻掌，并随即向左前上方托出，右掌随左掌托出的同时亦向左前方推出，左掌在前，右掌在后，右掌在左肘下方，两掌掌心均朝前，掌指与虎口亦均朝上；左脚同时向左前方（东北方向）上步，两腿成左弓右蹬势；面向东北，眼看双手前方。此为左"玉女穿梭"。（图179、图180）

第三章　杨班侯八十一式大功架太极拳

图179 　　　　　　　图180

　　右手向里取搂势，对准胸，含胸坠肘；身体后坐，使重心坐于右腿，左腿伸直，脚尖上勾（图181）。左脚里扣，脚尖落地；左臂内旋，左掌横于胸前，掌心向外，掌指与虎口朝右；同时，向右后转身270°，面向西北再做一个右"玉女穿梭"。除方向外，其余动作均与前面的右"玉女穿梭"相同，此为第二个右"玉女穿梭"（图182）。继续再向左前西南方向上步，做一个左"玉女穿梭"，练法除方向外，其余动作均

图181 　　　　　　　图182

113

与前一个左"玉女穿梭"相同。此为第二个左"玉女穿梭"。（图183、图184）

图183

图184

此式练法的方向是奔四个斜角，依次为东南、东北、西北和西南，每一斜角做一个"玉女穿梭"。拳诀"玉女穿梭四角封"即为此意。

【技击意义】此式的用法是：当对方用右手向我胸前打来时，我即向后坐身含胸，以避其锋，同时，疾出右手由上而下从对方之右肘外侧以我的右手臂粘住其右肘，由左向右摇化开其右臂，随即翻掌，以右掌掌心向前上方托其右肘，随上右步，以左手向其右肋下推击。左右用法相同。拳诀"摇化单臂托手上，左右用法一般同"即为此意。

第五十一式 上步揽雀尾

接左"玉女穿梭"之末式，右掌从左肘下向前"掤"出。（图185）

第三章 杨班侯八十一式大功架太极拳

左掌待右手掤出时，按在右手腕里侧向前做挤势；同时，右脚向前（正西方向）上步，两腿成右弓左蹬势，面向正西，目视前方（图186）。接着再做一按势，其余动作文字略。（图187～图193）

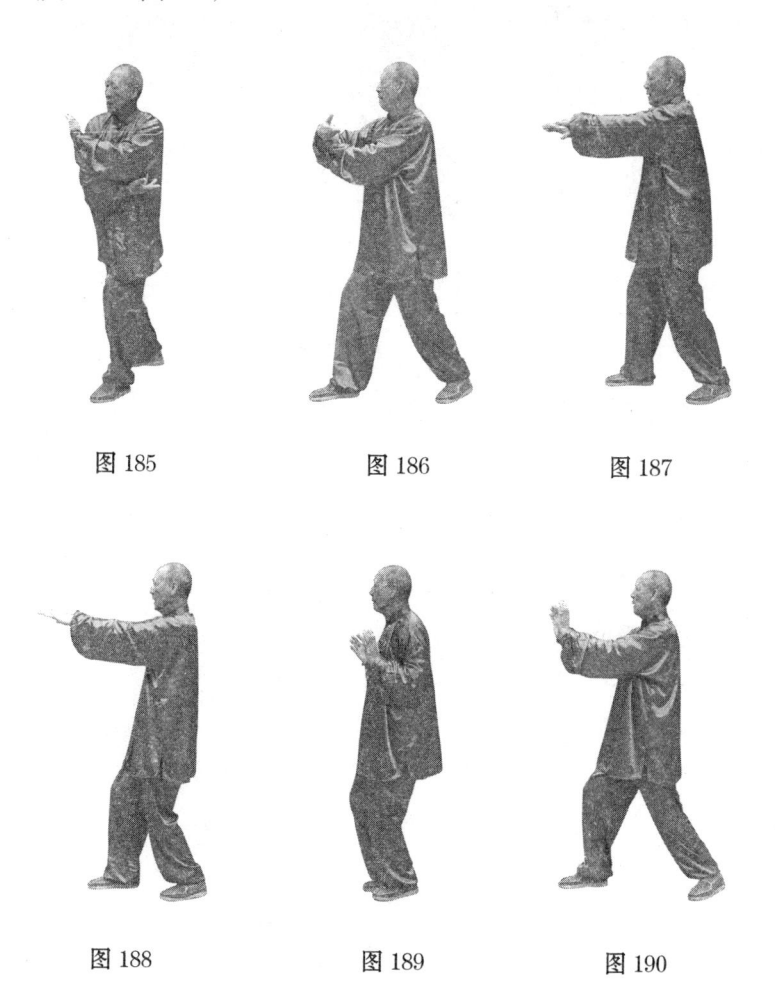

图185

图186

图187

图188

图189

图190

图 191　　　　　图 192　　　　　图 193

第五十二式　单鞭

练法和技击意义与前"单鞭"相同。（图 194、图 195）

图 194 　　　　　图 195

第五十三式　云手

练法和技击意义与前"云手"相同,连续做三次"云手"(参考前图)。

第五十四式　单鞭下势

先由云手变单鞭势,然后由单鞭势屈右腿下蹲,成左仆步;左手屈肘收回至右肋前方,虎口向上,右勾手不变。(图196)

上动不停。左手顺左腿向前上撩出;左腿随之向前弓起,右腿亦随之蹬起,两腿成左弓右蹬势,上身随之前探;面向正东,目视前方。(图197)

图 196　　　　　　　图 197

【技击意义】此式的用法是:当对方以低势向我进击,我即向下蹲身,顺势封闭其来势,再随机入手向前反攻。拳诀"单鞭下式顺锋入"即是此意。

第五十五式　金鸡独立

接前式。上身由前探姿势直起，右勾手变掌由后经右肋旁随身提起，屈肘上托，肘尖朝下，掌心向上，掌根朝前；同时，右膝紧随右手由后向前，向上抬起，膝与胯平，脚尖上勾；右肘肘尖与右膝相对，左掌下落按于左胯旁，掌心向下，掌指、虎口均朝前；面向正东，眼看右手前方。（图198）

右脚落地；右掌下按至右胯旁，掌心向下，掌指、虎口均朝前；两腿微屈，全身含有上冲之蓄势。（图199）

左手屈肘向前上方托起，肘尖朝下，掌心向上，掌根朝前；同时，左腿向前上方抬起，膝与胯平，脚尖上勾，膝肘相对；右手仍按于右胯旁；仍面向正东，眼看左手前方。（图200）

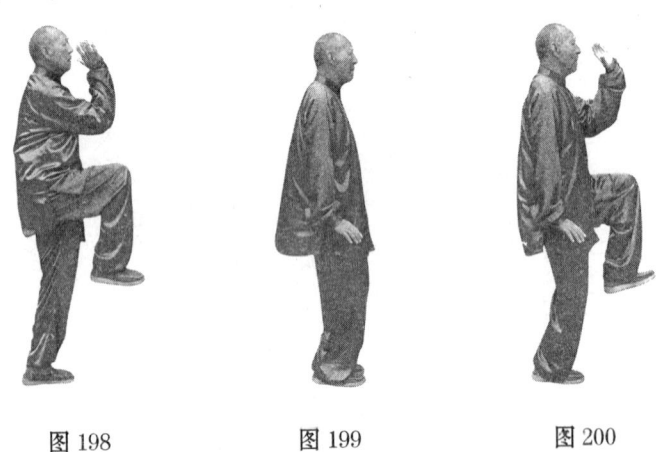

图198　　　　图199　　　　图200

【技击意义】当我与对方扭成一团，不能使用其他手法时，即上托敌之下颏，下踏敌之脚面，同时提膝撞其裆部，对方轻

则必伤，重则必亡，故此式用时须慎重。拳诀"金鸡独立占上风，提膝上打致命处，下伤二足难留情"即是说明此式的用手方法。

第五十六式　倒转肱（倒撵猴）

接前式。双腿不动；左臂前伸，高与肩平，掌心朝前，掌指向上，右臂向后抬起，高与肩平，掌心向上，掌指向后。接着做"倒转肱"，练法与技击意义同前"倒转肱"（参考前注及图）。

第五十七式　斜飞势

练法与技击意义同前（参考前注及图）。

第五十八式　提手上势

练法与技击意义同前（参考前注及图）。

第五十九式　白鹤亮翅

练法与技击意义同前（参考前注及图）。

第六十式　搂膝拗步掌

练法与技击意义同前（参考前注及图）。

第六十一式　海底针

练法与技击意义同前（参考前注及图）。

第六十二式　扇通臂

练法与技击意义同前（参考前注及图）。

第六十三式　撇身捶

练法与技击意义同前（参考前注及图）。

第六十四式　上步搬拦捶

练法与技击意义同前（参考前注及图）。

第六十五式　揽雀尾

练法与技击意义同前第二十四式"揽雀尾"（参考前注及图）。

第六十六式　单鞭

练法与技击意义同前（参考前注及图）。

第六十七式　云手

练法与技击意义同前（参考前注及图）。

第六十八式　单鞭

练法与技击意义同前（参考前注及图 201）。

第六十九式　高探马

练法与技击意义同前之"高探马"。（参考前注及图 202~图 204）

图 201

图 202 　　　　图 203 　　　　图 204

第七十式　十字腿

接"高探马"式不停。将探出之左手内旋翻掌，使掌心向外横架于头顶上方，右掌护住左肋；同时，左脚向里回扣，并向右后转身180°，重心在左腿，右腿伸直；面向正西，目视前方。（图205）

右脚尖勾起，向右外摆，横脚向前截腿扁踹，高不过膝；目视前方。（图206）

图205　　　　　　　图206

【技击意义】上面以手防御敌之来势，下面用脚掌由下而上直截对方膝下软骨。故诀云："十字腿法软骨断。"

第七十一式　搂膝指裆捶

接前式不停。右脚落地，重心移至右腿，左腿向前屈膝提起，膝与胯平，脚尖上勾；左手由上往下经右肩及身前向左腿

膝前搂过；目视前方。（图207、图207附图、图208）

图207 　　　　　图207附图 　　　　图208

左脚向前迈出落地；右手握拳，由左向右划至右后方再向上、向前圈回，经右耳侧向左脚前下方打出，右手里拧，拳背向左，拳眼朝里，左手由下向上、向前护于右臂里侧；上身随右拳下打之势向前微伏，两腿左前右后相拧成十字拗步形；面向正西，眼向前看。（图209）

继而上右步，以右肩向前靠击，两腿成右弓左蹬势。（图210）

图209 　　　　　　　　　图210

【技击意义】"指裆捶"为太极拳法当中的五捶（搬拦捶、肘底捶、撇身捶、栽捶和指裆捶）之一。"指裆捶"是在近距离内趁机而进的招法。如当我的右臂被对方抓捋，并向前下方捋带时，我即可趁机向对方中门裆中插进右步，右手向下拧转打出，以解脱被抓之右腕，右肩则随进右步之同时，向对方胸前靠击。故诀云："指裆捶下靠为锋。"

第七十二式　揽雀尾

接前式。将"指裆捶"下打之右拳变掌，由下向内、向上圈回反捞，经胸前、口前向前上方托出；左手托于右掌手背，两掌心均向上，掌指、虎口均朝前，如反腕闭拿法；面向正西，目视前方。（图211、图212）

图211 　　　　　　　　图212

身体左转；双手向左平捋后，再向右平捋。（图213～图215）。

【技击意义】用法与前之"揽雀尾"相同。

图 213　　　　　　图 214　　　　　　图 215

第七十三式　单鞭下势

练法：由"揽雀尾"末式接练"单鞭下势"，动作文字略。（图 216～图 218）。

图 216　　　　　　图 217　　　　　　图 218

【技击意义】用法与前之"单鞭下势"相同。

第七十四式 上步七星

由"单鞭下式"向前起身，上身直起，右脚向左脚前上步迈出，脚尖点地成虚步；两掌变拳，右拳从后向下、向前随右脚前迈由右腿旁向前甩出，与左拳在胸前交叉上架成十字形，两拳心均向外，沉肩坠肘；面向正东，目视前方。（图219、图220）

【技击意义】"上步七星"的用法与"十字手"的用法大致相同，是含有进攻与防御的式子。如对方用手自上而下向我打来，在我来不及躲闪时，即可用双手交叉向上迎截，以便换式进招。许多的用手方法都可由双手十字交叉中变化出来。七星是指手、肘、肩、脚、膝、胯和头这七个主要出击点，其中除头部不可乱用之外，手、肘、肩、脚、膝、胯都有其专用的技法和用途。例如，手可以打，肘可以顶，脚可以踢、踏，膝可以顶撞，肩胯可以靠击。所以与对

方交手时，要对对方这七个出击点严加防范，以免被对方趁隙进攻。因这七个出击点，敌我双方都可以用，知己可以攻人，同样，人知亦可攻我。拳诀"上步七星架手势"，就是说，"架手势"可用于防御，"七星"可以用于进攻。这就是太极拳攻中寓防、防中寓攻、攻防互易、相互变通的道理。

第七十五式　退步跨虎

接前式。将交叉之双拳变掌，向下沉落。（图221）

然后两臂向左右分开，在身体两侧自下向上划一大圆至头顶前上方，双手翻掌使掌心向上，虎口相对；同时，向后撤右步，右腿微屈，重心落于右腿，左脚成虚步；眼向前看。（图222）

图221

【技击意义】当对方向我击来之势过猛时，我便疾向后撤步，闪开正面，以避其锋，再趁对方来势，寻其弱点而击之。拳诀"退步跨虎闪正中"即为此意。

第七十六式　转身摆莲

接前式。右手向右转腕，左手随护右肘；同时，左脚向右后

图222

方扣步。（图223）

随之向右后转身405°，面向东南，目视前方。（图224）

抬右腿，向右外摆莲，高不过肩；同时，两手由右上方向左横拨并在右脚外侧拍击；面向东南，眼看右脚摆出方向。（图225）

图223　　　图224　　　图225

【技击意义】以我之双手牵制并封住对方手臂，并以横脚摆踢对方之肋部。如我以双手向左横拨对方之左臂，即可用右脚横踢对方之左肋。如不封住对方之手，盲目用腿，我腿就有被对方捞住的危险。拳诀"转身摆莲护腿进"即为此意。

第七十七式　弯弓射虎

接前式不停。右腿踢完后屈膝收回；同时，双手取捋式回收至胸前握拳，左拳在后，拳背朝上，右拳在前，拳背朝下，两拳虎口均朝前，成蓄势待发状。（图226）

右脚向右前方（东南方向）落步前弓，两腿成右弓左蹬势；同时，右臂由胸前向上挑，反臂横架于右额前上方，左臂向里裹肘，左拳拳眼朝上，由胸前向前（东南方向）击出，如弯弓射虎状；重心在右腿，面向东南，目视前方。（图227）

图226　　　　　　　　图227

【技击意义】如对方用手由上往下向我打来，我疾用右臂向上挑架对方之臂。同时，出左拳直击对方正胸，是连防带攻，连顾带打之法。拳诀"弯弓射虎挑打胸"即为此意。

第七十八式　上步搬拦捶

接前式。双拳变掌，右掌在前，左掌在后，由右前向左下后捋，向后坐身，重心移至左腿；面仍向东南，眼看右前方向。（图228）

双手捋至身前时，右脚收回，屈膝抬起，膝与胯平；右手握拳向下，向内卷回，左掌护于右肘；面向正东，目视前方。（图229）

继而做护臂反打和上步搬拦捶，练法动作同前。（图230～图232）。

图228　　　图229

图230　　　图231　　　图232

【技击意义】用法与前之"上步搬拦捶"相同。

第七十九式　如封似闭

此式亦为重式，练法动作和用法均与前之"如封似闭"相

同。(图233~图235)

图233　　　　　图234　　　　　图235

第八十式　十字手

此式也是重式，练法及技击意义均与前面之"十字手"相同。(图236~图239)

图236　　　　　　　　图237

图 238　　　　　　　图 239

第八十一式　合太极

"合太极"乃是太极拳演练到最后的收势动作，以收神敛气。其具体练法如下：

两手向下并向左右徐徐分开，掌心向下沉落于两胯旁；左脚向右收回与右脚并齐，回归原位；两掌转掌心向内，掌指向下，贴于两腿外侧，自然站立；目前视。恢复至无极势开始时的姿势，面南背北，左东右西。（图240）

诀云："太极合手势完成。"整趟太极拳的演练，从头至尾都要以意为主，要做到体松、气固、神凝。

图 240

附 录

杨班侯大功架太极拳传承表

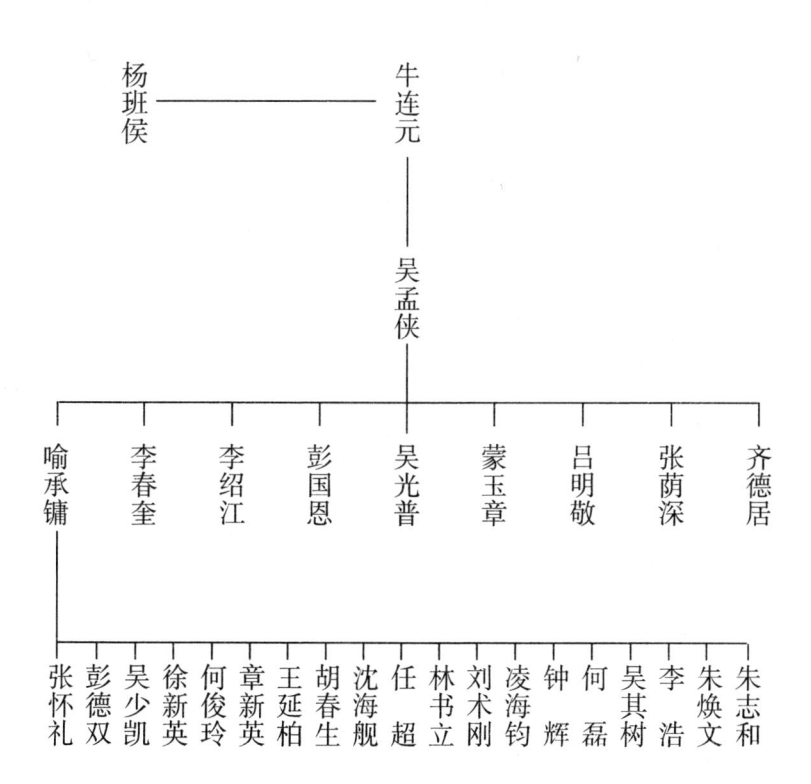

```
杨班侯 ──────────── 牛连元
                      │
                    吴孟侠
                      │
  ┌────┬────┬────┬────┼────┬────┬────┬────┐
 喻   李   李   彭   吴   蒙   吕   张   齐
 承   春   绍   国   光   玉   明   荫   德
 镛   奎   江   恩   普   章   敬   深   居

 张   彭   吴   徐   何   章   王   胡   沈   任   林   刘   凌   钟   何   吴   李   朱   朱
 怀   德   少   新   俊   新   延   春   海   书   书   术   海   辉   磊   其   浩   焕   志
 礼   双   凯   英   玲   英   柏   生   舰   超   立   刚   钧      树      文   和
```

图书在版编目(CIP)数据

杨班侯大功架太极拳精要/喻承镛著.-北京：人民体育出版社，2017
ISBN 978-7-5009-4794-3

Ⅰ.①杨… Ⅱ.①喻… Ⅲ.①太极拳-套路（武术）Ⅳ.①G852.111.9

中国版本图书馆CIP数据核字(2015)第042105号

*

人民体育出版社出版发行
三河兴达印务有限公司印刷
新 华 书 店 经 销

*

850×1168　32开本　4.5印张　100千字
2017年12月第1版　2017年12月第1次印刷
印数：1—5,000册

*

ISBN 978-7-5009-4794-3
定价：20.00元

社址：北京市东城区体育馆路8号（天坛公园东门）
电话：67151482（发行部）　　邮编：100061
传真：67151483　　　　　　　邮购：67118491
网址：www.sportspublish.cn

（购买本社图书，如遇有缺损页可与邮购部联系）